UNSER Weihnachts-WUNDERHAUS

© privat

Annette Moser, geboren 1978 in Hamburg, studierte Kunstgeschichte und Germanistik in Bamberg und Rom. Danach arbeitete sie mehrere Jahre als Lektorin in einem Kinder- und Jugendbuchverlag. Sich selbst Geschichten auszudenken war schon immer ihr Traum. Heute lebt sie mit ihrer Familie in Landshut und widmet sich ganz dem Schreiben.

© privat

Stefanie Klaßen zeichnete und malte schon als Kind immer und überall. Als sie mit 7 Jahren erfuhr, dass es den Beruf des Illustrators gibt, wusste Sie, das wollte sie unbedingt werden! Sie studierte Illustration an der Fachhochschule für Design in Münster und arbeitet als Illustratorin für verschiedene Verlage. Sie liebt am Malen und Zeichnen, dass immer wieder neue Welten und Charaktere entstehen. In welchem Beruf kann man schon ein Krokodil mit Raumanzug auf den Mond schicken?

Annette Moser

Unser Weihnachts-Wunderhaus

Mit Bildern von Stefanie Klaßen

CARLSEN

PRODUZIERT MIT VERANTWORTUNG

MIX
Papier | Fördert gute Waldnutzung
FSC www.fsc.org
FSC® C021394

Mit Fragen zur Produktsicherheit wenden Sie sich bitte an: carlsen.de/kontakt.

Veröffentlicht im Carlsen Verlag
Völckersstraße 14–20; 22765 Hamburg
Oktober 2025

Umschlaggestaltung und -typografie: formlabor
ISBN 978-3-551-32270-8

KAPITEL 1

Manchmal, wenn man ganz doll auf etwas wartet, kann man in der Nacht vorher gar nicht richtig schlafen. Bei mir ist das heute so. Ständig wache ich auf und schau auf den Wecker. Das liegt natürlich daran, dass morgen Heiligabend ist. Und daran, dass ich mir etwas ganz Bestimmtes gewünscht habe. Als es endlich ein klitzekleines bisschen hell wird, wühl ich mich aus dem Bett und husche hinüber zum Fenster.

Mein Herz klopft richtig, als ich den Vorhang lupfe. Und dann plumpst ein dicker Knete-Knödel in meinen Bauch. In echt ist das natürlich kein Knete-Knödel, sondern die Enttäuschung. Aber genauso fühlt die sich an: schwer und klumpig und einfach richtig doof.

Nichts! Gar nichts! Nicht mal die kleinste Schneeflocke wirbelt durch die Luft. Obwohl ich mir doch seit Wochen nichts anderes wünsche: Schnee, Schnee und noch mal Schnee! Seit dem Tag, an dem Mama Pizza gebacken hat und ich ihr dabei zugesehen habe. Das muss doch gewirkt haben!

Ich weiß noch genau, wie das damals gewesen ist.

»Was meinst du, Pia-Maus?«, hat mich Mama gefragt, während sie in der Küche den Teig knetete. »Wollen wir Weihnachten in Dubai feiern, unter Palmen? Zusammen mit Papa?«

Oje, wieso wollte sie das denn jetzt schon wissen? Es war ja erst Oktober.

Ich holte erst mal ganz tief Luft und dann antwortete ich: »Also, am liebsten will ich dieses Jahr gar nicht weg.« Ganz schnell sagte ich das. Genau, wie ich es mit meiner besten Freundin Annika geübt hatte.

»Aha?« Mama runzelte die Stirn. So sieht sie immer ein bisschen aus wie Schneff, der Dackel von Frau Weber aus dem Stock unter uns. Der hat auch solche Falten.

»Aber wir feiern Weihnachten doch immer irgendwo im Ausland«, sagte sie. »Das ist doch unsere Tradition!«

»Jahaaa«, sagte ich, »aber jetzt würde ich eben gerne mal ein ganz normales Weihnachtsfest feiern. Hier, in unserer Wohnung. Mit eigenem Baum und Krippenspiel und Kerzen und so. Und ganz viel Schnee.«

»Hm ...«, machte Mama und knetete weiter und ich konnte richtig sehen, wie sie hinter ihrer Schneff-Stirn grübelte.

Dabei finde ich das Herumreisen mit Mama wirklich toll. Also, wenn nicht gerade Weihnachten ist. Sie arbeitet am Flughafen und früher war sie sogar Pilotin, genauso wie

Papa. Der ist immer noch Pilot und fliegt ständig irgendwo in der Welt herum. Meine Eltern haben sich getrennt, als ich noch ganz klein war, und Papa wohnt in einer anderen Stadt. Aber wir treffen uns trotzdem oft. An Weihnachten auch und manchmal an den verrücktesten Orten. Letztes Jahr musste Papa zum Beispiel am Heilig-abend mit seinem Flugzeug nach Arizona. Dort sind Mama und ich dann auch hingekommen. In Arizona gab es jede Menge Kakteen. Die großen vor unserem Hotel waren als Weihnachtsmänner geschmückt, mit weißen Watte-Rauschebärten und roten Zipfelmützen und Sonnenbrillen.

Das war natürlich witzig und wir haben Fotos gemacht, wie ich zwischen den stacheligen Weihnachtsmännern stehe und alberne Gesichter mache. Aber als mir Annika dann von ihrem Weihnachtsfest erzählt hat, mit dem geschmückten Tannenbaum und dem Krippenspiel in der Kirche und den Liedern und den

Flocken, die vom Himmel fielen, da hab ich plötzlich gedacht, ich verpass ja alles Schöne.

Weihnachten soll ja nicht albern sein, sondern feierlich und geheimnisvoll und über und über mit glitzerndem Schnee überzuckert. Genau wie in den Büchern und den Filmen, die ich so liebe. Das alles hab ich Mama erklärt und sie hat genickt und ihre Stirn hat sich entdackelt und dann hat sie den Pizzateig aufs Blech gedrückt und gemeint: »Stimmt, so ein klassisches Weihnachten ist auch mal schön.« Klassisch heißt ja so was wie ganz normal.

Hab ich mich vielleicht gefreut! Und Annika auch, als ich ihr davon erzählt habe. Weil wir nämlich unbedingt zusammen beim Krippenspiel mitmachen wollten. Zuhause-Feiern bedeutet zwar, dass wir Papa dieses Weihnachten nicht sehen können. Aber er besucht uns gleich, nachdem er aus Dubai zurückkommt, hat er versprochen.

Mama gefiel meine Idee auch immer besser.

»Allerdings ...«, sagte sie und zog eine Augenbraue hoch. »Die Sache mit dem Schnee schmink dir lieber gleich wieder ab, Pia. Den gibt's höchstens Anfang November, wenn man noch nicht mit ihm rechnet. Oder im März,

wenn man ihn nur noch loswerden will. Ganz sicher aber nicht an Heiligabend, das wäre fast schon ein Wunder.«

Ich antwortete lieber mal nichts. Tatsächlich war ich mir auf einmal nämlich gar nicht mehr sicher, ob es in Annikas Weihnachtserzählung wirklich geschneit hatte, oder ob ich mir das selbst dazu ausgedacht habe. Weil ja alles mit Schnee noch viel weihnachtlicher und schöner aussieht.

Während ich noch grübelte, nahm Mama plötzlich die Mehltüte, beugte sich in meine Richtung und pustete einmal kräftig hinein. »Hatschi!«, nieste ich.

»Zur Not lassen wir es eben selbst schneien«, sagte Mama und dann kicherten wir beide los.

Meine Mama ist die beste Mama der Welt. Aber was sie über den Schnee gesagt hat, dass es ein Wunder wäre, wenn es an Heiligabend schneit, konnte ich einfach nicht vergessen. Es hat mich richtig unglücklich gemacht, denn darauf hatte ich mich doch besonders gefreut: auf weiße Weihnachten. Mit Mama. Hier. Und da fasste ich den Entschluss, mir den Schnee zu wünschen. Ganz doll. Denn wenn Wunder passieren, dann ja wohl an Weihnachten, oder?

Ich schrieb also SCHNEE ganz oben und extra groß auf meinen Wunschzettel. Über all die Sachen, die man eigentlich auch im Geschäft kriegen kann, wie ein Doppeldeckerfedermäppchen, ein Kristallzuchtset oder einen Plüschstern, der leuchtet, wenn man ihn drückt.

Und damit der Wunsch auch ganz bestimmt an der richtigen Adresse ankam und nicht bei Tante Frida oder Oma Karin, die auch immer meinen Wunschzettel sehen wollen, aber sicher keine Ahnung von Schnee haben, habe ich seitdem jeden Tag mindestens ein Bitte-Bitte-Bitte um ganz viel Schnee zum Himmel hinaufgeschickt. Dort werden ja die echten Herzenswünsche erfüllt, solche, die man nirgendwo kaufen kann.

Und jetzt, jetzt ist es so weit: Heiligabend ist da, am Nachmittag darf Annika ein Hirte und ich ein Engel im Krippenspiel sein und ich hoffe, dass sich mein Schneewunsch doch noch erfüllt und Mama ausnahmsweise mal nicht recht hat. Leider hat sie das nämlich ziemlich oft.

Annika hab ich damals übrigens gleich gefragt, wie das mit dem Schnee letztes Jahr war. Sie wusste es nicht mehr. Wie kann man so was bloß vergessen?

KAPITEL 2

»Pia-Maus, draußen ist es so ungemütlich«, sagt Mama nach dem Frühstück. »Lass mich mal die letzten Sachen rasch allein besorgen.«

Eigentlich hatten Mama und ich ja gestern ausgemacht, heute früh gemeinsam loszuspazieren. Erst zum Bäcker, dann zum Metzger und dann noch zum Baumverkäufer. Damit alles ganz frisch ist – der Weihnachtsstollen ohne Rosinen, die Ente und das Wichtigste: der Weihnachtsbaum. Aber da hatte ich irgendwie noch gehofft, dass wir durch tiefen, frischen Schnee stapfen und einen Schlitten hinter uns herziehen würden, auf dem wir die Sachen transportieren.

»Von mir aus«, sage ich, denn Schlitten funktionieren

ja schlecht auf grauem, feuchtem Asphalt, und auch sonst sieht es nicht besonders weihnachtlich draußen aus. Nur gut, dass ich in den letzten Wochen so viel gebastelt habe und wenigstens unsere Fenster voller Schneeflocken sind. Also, mit welchen aus Papier.

»Darf ich solange zu Frau Weber?«, frage ich. Ich mag nämlich so gerne Schneff besuchen.

Mama sagt Ja und ich schlüpfe aus unserer Wohnungstür und die Stufen runter zu Frau Weber. »Mama!«, schrei ich noch im Runterrennen, »such aber den allerschönsten Baum aus ... Huch!«

Ich lege eine Vollbremsung hin. Um ein Haar wäre ich in Herrn Wissing gerannt, der mir von unten entgegenkommt.

Wissings wohnen mit Mama und mir im zweiten Stock, aber ihre Wohnung ist viel größer als unsere und ihr Balkon zeigt nicht nur zu Straße, sondern geht übereck und auch zum kleinen Hinterhof hinaus. Die Hälfte davon haben sie mit Glas zugemacht, das nennt man Wintergarten und es ist ein schicker, heller Raum. Bei Wissings ist alles sehr schick.

Herr Wissing balanciert eine große Schachtel in seinen

Armen. »Das war knapp«, sagt er, aber ganz freundlich, und ich höre es leise aus der Schachtel klirren.

»Sind da Gläser drin?«

»Christbaumschmuck«, antwortet Herr Wissing und macht ein geheimnisvolles Gesicht. »Aus Paris!«

»Aus Venedig! Sehr teuer und mundgeblasen«, mischt sich da seine Frau von oben ein. Im Treppenhaus klingt ihre Stimme noch schriller als sonst. Herrn Wissing mag ich ja eigentlich ganz gern, auch wenn er ein bisschen langweilig ist. Aber Frau Wissing finde ich nicht so toll. Ständig nörgelt sie herum und immer weiß sie alles besser. Heimlich nenne ich sie Frau Besserwissing. Ich glaube, in Mehltüten pustet die nicht.

Aufgeregt kommt Frau Wissing jetzt hinter mir die Treppen runter. Ihre Schritte klackern laut, weil sie sogar zu Hause immer Stöckelschuhe anhat. »Ist was kaputtgegangen?« Sie nimmt ihrem Mann die Schachtel ab. »Dass ihr Kinder aber auch immer rennen müsst! Und dann auch noch mit Socken, da rutschst du doch aus, Pia!«

»Ist ja alles gut gegangen«, murmelt Herr Wissing. »Fröhliche Weihnachten, Pia!«

»Fröhliche Weihnachten«, antworte ich und ein glücklicher Schauer rieselt mir über den Rücken. Es fühlt sich schön an, das zu sagen. Richtig feierlich.

Im ersten Stock klingele ich bei Frau Weber. Ihre Wohnung hat genau dieselben Zimmer wie unsere, aber sie sieht trotzdem ganz anders aus, weil Frau Webers Möbel so dunkel sind und überall dicke Teppiche herumliegen und an der Wand lauter goldene Spiegel und Bilder hängen.

»Pia, wie schön!«, sagt Frau Weber, als sie öffnet.

»Fröhliche Weihnachten«, sage ich gleich noch einmal.

»Willst du reinkommen? Ich bin gerade am Kofferpacken und hab nicht viel zu Hause. Aber einen Kakao kann ich uns machen.«

Ich trete in den kleinen Flur mit der Blümchentapete und den vielen gerahmten Fotos und sehe Schneffs Schnauze um die Ecke spitzen. Er ist der süßeste Dackel der Welt, wirklich! Aber er ist auch ziemlich frech und neugierig und wenn man nicht aufpasst, haut er gerne ab und versteckt sich irgendwo.

»Hallo Schneff«, sage ich und gehe in die Hocke. Schneff dackelt zu mir und lässt sich streicheln. Er hat so

weiche Schlappohren und liebt es, wenn man ihn darunter krault.

»Warum packen Sie denn Koffer?«, frage ich Frau Weber, während Schneff meine Hand leckt. Vielleicht riecht er noch die Salami vom Frühstück.

»Schneff und ich fahren heute zu meiner Cousine«, erklärt Frau Weber. »Mit der Bahn. Sie und ihr Mann haben uns eingeladen, die Feiertage bei ihnen zu verbringen.«

Da bin ich jetzt aber erleichtert. Frau Weber hat zwar Schneff, aber sonst niemanden. Für Weihnachten finde ich einen Dackel zu wenig, auch wenn er noch so süß ist. Da muss man jemanden bei sich haben, mit dem man was

Leckeres essen und Lieder singen und Bescherung machen kann.

»Da freust du dich sicher, oder?«, sage ich.

Frau Weber wiegt den Kopf hin und her. »Auf jeden Fall haben sie einen tollen Weihnachtsbaum«, sagt sie. »Bis zur Decke hoch. Ich habe mir keinen besorgt, das hätte sich nicht gelohnt.« Sie strahlt mich an. »Dabei ist der Baum doch das Allerwichtigste an Weihnachten, findest du nicht, Pia?«

Ich nicke, denn das finde ich tatsächlich und mir wird ganz kitzelig im Bauch, wenn ich an unseren ersten eigenen Weihnachtsbaum denke und daran, ihn gleich mit Mama zu schmücken. Wir haben extra silberne und rote Kugeln und kleine Holzfigürchen und Strohsterne auf dem Weihnachtsmarkt gekauft.

Frau Weber macht uns Kakao und erzählt von früher, als sie noch ein Kind war und es meistens Winter mit ganz viel Schnee gab und ihre Eltern immer einen Baum besorgten, egal, wie knapp das Geld war.

Solche Geschichten höre ich gerne, auch wenn sie gar nicht so spannend sind. Aber man kann sich alles so schön vorstellen, finde ich.

Im Radio läuft leise Weihnachtsmusik und ich werfe sicherlich zwanzigmal für Schneff seine kleine gelbe Gummiente. Zwischendurch schaue ich immer wieder aus dem Fenster, aber weit und breit ist nichts zu erkennen, was an Schnee erinnert. Plötzlich sagt der Mann im Radio auch noch, dass es dieses Jahr wohl wieder nichts wird mit weißer Weihnacht. Mit einer ganz fröhlichen Stimme. Wie der Engel, als er die frohe Botschaft von der Geburt des Jesuskindchens verkündet. Hat der etwa noch nie was von Weihnachtswundern gehört?

KAPITEL 3

Es dauert nicht lange, da holt mich Mama schon wieder ab. Gespannt flitze ich hinter ihr her nach oben.

Vor unserer Wohnungstür stehen zwei Gestalten, eine größere und eine kleinere. Die größere ist Freddi, also eigentlich Frederick, der Sohn von Herrn und Frau Wissing.

Von allen Besserwissings dieser Welt ist Freddi wahrscheinlich der Allerbesserwisserigste. Das hat Annika mal gesagt und ich glaube, es stimmt. Er geht schon in die dritte Klasse und nicht wie wir in die zweite, obwohl er auch erst sieben ist und mir gerade mal bis zur Nasenspitze reicht.

Die andere Gestalt neben Frederick ist grün und stachelig und steht in einem Topf. Sie reicht ihm gerade mal bis zur Nasenspitze und mir bis knapp über die Schultern.

»Was ist das?«, frage ich Mama vorsichtig.

»Ein Baum«, erklärt Besserwissing-Freddi an ihrer Stelle.

Ich verdrehe die Augen und blinzle dann zu Mama.

»Das ist unsere Weihnachtstanne«, sagt sie mit einer mindestens so fröhlichen Stimme wie der gemeine Mann eben im Radio.

Ich schnappe nach Luft. Dieses mickerige Etwas soll unser prächtiger Weihnachtsbaum werden, der das Wohnzimmer zum Strahlen bringt? Da passen ja gar keine Geschenke drunter. Ich merke, wie mir die Tränen in die Augen schießen.

»Eigentlich ist es keine Tanne«, verbessert Freddi und zupft an einem Zweig. »Das kann man an den Nadeln erkennen. Es müsste sich um eine Fichtenart handeln. Wir kriegen später noch eine Nordmanntanne aus dem Schwarzwald geliefert, die ist zwei Meter fünfundzwanzig hoch.«

Zum Glück steckt in diesem Moment Herr Wissing seinen Kopf aus der Tür und ruft Freddi, damit er sich duscht.

»Hübsch«, sagt er mit einem Blick auf den grünen Zwerg

im Topf. »Ich finde ja eigentlich auch, dass etwas Kleines reicht, aber meine Frau ...« Er zuckt mit den Schultern und verschwindet mitsamt Ober-Besserwissing.

»Mama«, sage ich kläglich, aber sie unterbricht mich gleich.

»Schau, Pia, der Verkäufer hatte nur noch drei Bäume zur Auswahl. Einen ganz großen, den hätte ich niemals allein herschleppen können. Und dann noch zwei kleine im Topf. Ich finde, dieser hier passt zu uns, wir beide sind doch auch nicht besonders groß. Und außerdem lebt er noch. Wir ... Wir können ihn später den Kindergartenkindern unten im Haus schenken. Stell dir vor, wie die sich freuen, wenn sie ihn rauspflanzen und ihm beim Wachsen zusehen können.«

Im Erdgeschoss von unserem Haus ist ein Kindergarten.

Ich mag es, wenn die Kleinen im Hof spielen und dort in den Beeten herumwühlen und Gemüse und Blumen pflanzen. Vielleicht hat Mama ja recht: von einem lebenden Baum mit Wurzeln hat man viel länger was als von einem, den man später wegwerfen muss. Trotzdem: Ein bisschen größer hätte er ruhig sein können. An diesen hier passen ja höchstens fünf Kugeln. Gerade will ich das Mama sagen, da sehe ich aus dem Augenwinkel eine Bewegung am Treppenhausfenster. Ich schau genauer hin und da bleiben mir die Weihnachtskugeln glatt im Hals stecken. Draußen fallen kleine weiße Fetzchen vom Himmel. Kann das wirklich wahr sein?

Es sind tatsächlich Schneeflocken, die da vorm Fenster treiben. Keine dicken, fluffigen, sondern eher so fitzelige, die nicht liegen bleiben. Aber trotzdem: echte, richtige Schneeflocken.

»Mama«, schrei ich, dass es im ganzen Treppenhaus hallt, »es schneit!«

Mama reißt Mund und Augen auf. »Tatsächlich«, flüstert sie, »das gibt's ja nicht!«

Doch, denke ich und fühle, wie mein Herz richtig hüpft

vor Freude. Das gibt es wohl, weil ich es mir nämlich seit Mitte Oktober gewünscht habe und weil es eben doch Weihnachtswunder gibt. Sofort denke ich an den Mann im Radio und hoffe, dass er sich jetzt richtig dumm vorkommt, wegen seinem Spruch von vorhin.

Mama trägt den Baum in die Wohnung und wir stellen ihn auf einen Hocker, damit er etwas größer aussieht. Irgendwie finde ich ihn jetzt doch richtig süß und beschließe, ihn Fridolin zu nennen, wie den kleinen knubbeligen Igel aus meinem Schulbuch. Ein bisschen sieht er nämlich tatsächlich so aus und außerdem kann man etwas Lebendigem ja ruhig einen Namen geben. Nachdem wir Fridolin geschmückt und dabei alle Strophen von »Schneeflöckchen Weißröckchen« gesungen haben, setze ich mich ans Küchenfenster und schaue hinaus. Bilde ich mir das ein, oder sind die Schneeflocken jetzt dicker?

Bald sind die ersten Zweige der Sträucher und Bäume weiß überzuckert. So, so schön sieht das aus, genau, wie ich es mir vorgestellt hatte!

»Mama, darf ich ein bisschen raus in den Hof?«, frage ich.

»Klar, ich will sowieso noch ein paar Leute anrufen und ihnen frohe Weihnachten wünschen!«

Ich zieh mich also warm an und sause runter. Laila ist auch draußen. Sie ist erst fünf und sieht in ihrem dicken weißen Schneeanzug mit der Öhrchen-Kapuze aus wie ein kleiner Eisbär. In ihren dunklen Locken, die sich darunter hervorkringeln, bleiben die Schneeflocken hängen und sie hat den Kopf in den Nacken gelegt und fängt gerade welche mit der Zunge auf. Laila wohnt mit ihren Eltern in der anderen großen Wohnung, unter Wissings, im selben Stock wie Frau Weber. Die Benalis sind supernett. Lailas Mama bringt uns manchmal süße Sachen zum Probieren nach oben, die ganz anders schmecken als unsere Süßigkeiten. Die Benalis kommen nämlich aus Marokko. Im Moment ist auch noch Lailas Opa zu Besuch da. Er heißt Omar mit Vornamen. Ist das nicht lustig, dass ein Opa *Omar* heißt? Der ist auch nett und lacht und winkt und zwinkert Mama und mir immer zu. Aber viel sagen tut er dabei nicht, weil er nämlich kaum Deutsch spricht. Leider fliegt er bald weiter nach Frankreich, da wohnt sein anderer Sohn und den will er auch noch besuchen.

Als mich Laila kommen hört, strahlt sie mich an. »Es schneit!«, ruft sie lachend, als würde ich das nicht selbst bemerken.

»Stimmt«, antworte ich trotzdem und lache auch, weil ich es schön finde, dass sich Laila so über den Schnee freut.

»Wollen wir einen Schneemann bauen?«, fragt sie.

Ich zögere. Es ist ja noch nicht richtig viel liegen

geblieben und eigentlich finde ich es schade, die feine, weiße Schicht auf dem Hofpflaster gleich wieder kaputt zu machen. Aber Laila ist so begeistert und ihre Füße haben sowieso schon überall kleine Tapser hinterlassen. Darum sage ich Ja und wir fangen an, Mini-Kugeln zu formen und sie über den Hof zu rollen.

»Willst du auch mitmachen?«, ruft Laila plötzlich.

Ich dreh mich um und sehe Magda auf dem Balkon neben dem Wintergarten stehen, Besserwissing-Freddis große Schwester. Sie hat die Arme um den Körper geschlungen und wippt mit den Fersen auf und ab. Wahrscheinlich ist ihr kalt in ihrem kurzen, dünnen T-Shirt und mit den nassen Haaren.

»Nee, danke«, brummt sie.

Eigentlich rede ich nie mit Magda, weil sie immer so grimmig guckt und schon 14 ist und ich nicht weiß, was man zu einem 14-jährigen, grimmigen Mädchen sagen soll. Außerdem sagt sie ja auch nie was zu mir, allerhöchstens mal »Hallo«, wenn wir uns zufällig im Treppenhaus begegnen.

»Mama sagt, du sollst reinkommen, damit du dich nicht erkältest«, höre ich Freddis Stimme. Er erscheint jetzt auch auf dem Balkon und schiebt mit seiner Hand den Schnee auf dem Geländer zu einem kleinen Haufen zusammen. Als er Laila und mich und unsere zwei angefangenen Kugeln sieht, kräht er zu uns runter: »He, das könnt ihr euch sparen. Meine Wetter-App zeigt keinen Schnee an, hört also sowieso gleich wieder auf.«

Ich zucke nur mit den Schultern und lächle vergnügt in mich hinein, während Laila und ich weiter an unserem Schneemann bauen. Ein kalter Windstoß fährt mir übers Gesicht und irgendwie hab ich das Gefühl, es schneit jetzt sogar noch doller. Als ob das Wetter es Besserwissing-Freddi und seinem Handy so richtig zeigen wollte.

Wetter-App ... Pfft! Wenn schon, dann bräuchte er eine Weihnachtswunder-App!

KAPITEL 4

»Komm schnell rein, Pia, du bist ja ganz nass!«

Mama nimmt mir meinen Mantel, die Mütze und die Handschuhe ab und hängt alles ins Badezimmer über die Heizung. Laila und ich konnten unserem Schneemann gerade noch eine Möhre ins Gesicht stecken, da fing es so heftig zu schneien an, dass man gar nicht mehr richtig gucken konnte.

»Hier, zum Aufwärmen!« Mama drückt mir eine Tasse Orangen-Zimt-Tee in die Hand. Ich kuschle mich damit aufs Sofa und stecke die Füße unter eines der Kissen.

»Ist das nicht toll, Mama? So viel Schnee! Ich wette, alle freuen sich riesig!«

Mama lacht. »Na ja, für uns ist es schön. Aber mit dem

Auto zu irgendwelchen Verwandten fahren möchte ich bei dem Wetter lieber nicht.«

Ich antworte nicht, sondern schiele verstohlen zur Uhr. Bei Mamas Satz fällt mir Frau Weber ein und ich schäme mich, weil ich nur an mich gedacht habe. Sie wollte ja heute zu ihrer Cousine und dem prächtigen Weihnachtsbaum aufs Land. Zwar nicht mit dem Auto, sondern mit der Bahn. Aber dafür muss sie erst mal mit dem Bus zum Bahnhof, und schon zur Bushaltestelle dauert es zu Fuß fast zwanzig Minuten. Für ältere Leute mit Koffer und Dackel und bei dem Wetter vielleicht sogar noch länger.

Ein bisschen später sitzen wir in der Küche und ich versuche ein Bild für Papa zu malen. Mama hat das Radio angemacht, blättert in einer Zeitschrift und summt ein Weihnachtslied mit, das einen englischen Text hat. Plötzlich springt sie auf. »Oh, oh, oh, ich hab ja die Ente völlig vergessen, die braucht ewig im Ofen.« Sie beginnt, den armen gerupften Vogel mit irgendetwas einzupinseln, und genau in dem Moment, als sie ihn in die Röhre schieben will und der gemeine Mann im Radio ruft: »Wer hätte das gedacht? Das ist ja wie ein Sechser im ...«, wird es auf einen

Schlag still. Und irgendwie dunkler. Erst denke ich, der Radiomann ist vielleicht vor Staunen vom Stuhl gekippt, weil er den Schnee jetzt auch bemerkt hat. Aber dann erkenne ich, dass das Radio kaputt ist. Nicht mal die Anzeige mit der Uhrzeit leuchtet noch.

»Ups!«, sagt Mama, denn auch der Ofen ist ausgegangen und unsere kleine Küchenlampe.

»Was ist denn los?«, will ich wissen.

»Sieht nach Stromausfall aus«, murmelt Mama und fängt an, alle möglichen Schalter zu drücken. Nichts passiert. Dann gehen wir ins Treppenhaus, aber auch hier funktioniert nichts, weder das Licht noch unsere Klingel.

Plötzlich murmelt von hinten eine Stimme: »Schöne Bescherung, was?«

Ich fahre herum. Vor uns steht der Vampir. Er ist so lautlos die Treppen heruntergekommen, als wäre er geschwebt. Der Vampir wohnt ganz oben, in der kleinen Dachgeschosswohnung, neben dem Speicher. In echt heißt er Ferdinand Mond. So steht es jedenfalls auf seinem Klingelschild. Aber welcher halbwegs schlaue Vampir schreibt da auch schon »Vampir« drauf?

Ich finde ihn jedenfalls unheimlich, mit seinen langen Haaren und dem bleichen Gesicht und seiner nuscheligen Stimme. Und falls es Vampire wirklich gibt, dann stell ich mir sie genauso vor. Nur mit Umhang natürlich. Annika übrigens auch. Sogar seine Eckzähne kommen uns spitzer vor als bei anderen Leuten.

Mama sagt, wir sollen nicht so rumspinnen, Herr Mond ist ein ganz normaler, etwas schüchterner Student, der nicht oft in die Sonne geht und später mal Zahnarzt werden will. Ausgerechnet Zahnarzt. Nebenbei fährt er auch noch Taxi. Annika meint, nie im Leben würde sie bei dem ins Taxi einsteigen. Am Ende steigt man dann selbst als Vampir wieder aus. Gruselig, oder?

Aber Mama muss natürlich wieder quatschen und fragt, wie Herr Mond denn das Fest der Feste feiern will. Hoffentlich lädt sie ihn nicht gleich noch zu uns ein, Mama macht manchmal solche Sachen.

»Eigentlich wollte ich zu meiner Familie«, antwortet der Vampir. »Mal sehen. Das wird jetzt vielleicht etwas schwierig mit dem ganzen Schnee ... Na ja, manchmal kommt es anders als geplant ...« Er zuckt mit den Schultern, nuschelt etwas von der Hauptsicherung im Keller und huscht dann an uns vorbei, die Treppen runter.

»Und das an Weihnachten!«, schrillt plötzlich eine Stimme durchs Treppenhaus und ich zucke schon wieder zusammen. Dieses Mal erscheint vor uns eine andere Schreckensgestalt – Frau Wissing mit Lockenwicklern in den Haaren und knallrot bemalten Lippen. Hektisch drückt sie an den Lichtschaltern herum. »Toll! Nichts! Gar nichts funktioniert mehr«, schimpft sie. »Eine Katastrophe! Wie soll ich denn jetzt den Hummer durchkriegen?«

»Papa«, schreit da Motz-Magda im Hintergrund. »Papaaaaaa!« Ihre Stimme überschlägt sich und klingt so panisch, als wenn sie dem Vampir, einem Menschenfresser und einem Zombie gleichzeitig begegnet wäre.

»Was?«, fragt Herr Wissing besorgt und auch Frau Wissing stürzt zu ihrer Tochter.

»Das Internet!«, schluchzt Magda, »das Internet geht nicht mehr!«

Dann fällt die Wissing-Wohnungstür wieder ins Schloss

»Also, die Sicherung ist in Ordnung«, murmelt der Vampir, der unbemerkt wieder nach oben geschwebt ist. »Na ja ... Schicksal!« Anders als Magda oder Frau Wissing hört er sich aber nicht besonders verzweifelt an. Eigentlich sogar ziemlich zufrieden.

Eine Gänsehaut rieselt mir über den Körper. Vielleicht findet der so ein eingeschneites, düsteres Haus voller hilfloser Menschen ja ganz praktisch. Welcher Vampir braucht auch schon Strom für sein Lieblingsessen?

KAPITEL 5

Draußen tobt inzwischen ein richtiger Schneesturm. Und der Strom, das Internet und die Handys funktionieren immer noch nicht.

»Jetzt können wir nicht mal Papa erreichen und ihm ein frohes Fest wünschen«, sagt Mama seufzend. »Vielleicht wäre Weihnachten in Dubai doch keine schlechte Idee gewesen!«

Ich starre sie erschrocken an. Ihr Satz pikst richtig gemein in meinem Bauch, wie ein spitzer, kalter Eiszapfen. Ich wollte doch, dass sie sich über meinen gewünschten Schnee und unser Zuhause-Weihnachten freut. Aber im Moment sieht sie nur genervt aus.

Zum Glück hat sie aber kurz darauf wieder eine von

ihren guten Mama-Ideen: Sie macht uns ein paar belegte Brote und sticht mit den Keksförmchen lauter Sterne daraus aus. Die legt sie auf unseren großen Weihnachtsteller und sie schmecken doppelt so lecker wie normale Brote. Und wahrscheinlich auch viel leckerer als so eine gerupfte, gebratene Ente. Die packt Mama erst mal mitsamt Backblech raus auf den Balkon, damit sie frisch bleibt. Genauso wie die anderen Sachen aus dem Kühlschrank, die schlecht werden könnten. Nur das Vanilleeis, das essen wir gleich nach den Broten auf, zusammen mit ein paar Zimtplätzchen.

Kurz vergesse ich sogar, dass wir Stromausfall haben, weil alles so gemütlich ist in unserem Wohnzimmer, mit Kerzen und dem süßen, geschmückten Fridolin. Mama liest mir eine Geschichte vor, in der es um eine alte Frau geht, die sich im Winter ein Bein bricht. Und da, plötzlich, fällt mir wieder Frau Weber ein. Sofort wird mir mulmig und ich male mir aus, wie sie sich durch den Schnee kämpft und hinfällt und sich ein Bein bricht oder Schneff plötzlich davongeweht wird oder sogar die Bahn mit allen Leuten drin.

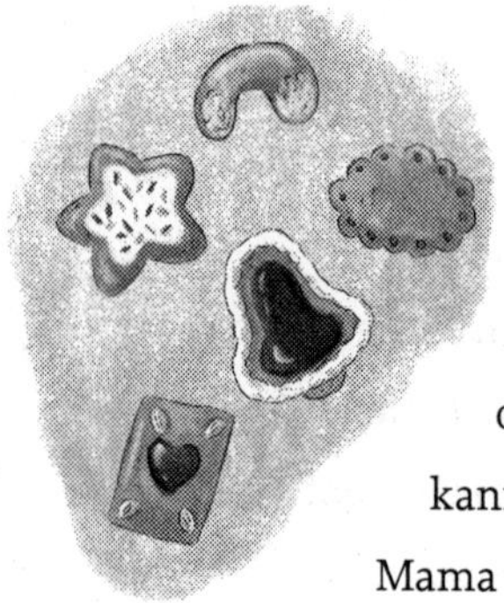

»Mama«, sage ich schnell, »kann ich Frau Weber ein paar von unseren Plätzchen vorbeibringen und sie fragen, ob sie überhaupt zu ihrer Cousine fahren kann?«

Mama mag es immer, wenn ich hilfsbereit bin, vor allem zu älteren Leuten. »Gute Idee«, sagt sie und packt von jeder Plätzchensorte ein paar in eine kleine durchsichtige Tüte. »Sag ihr liebe Grüße und frag mal, ob wir sonst noch etwas für sie tun können, ja?«

Ich sause nach unten. Irgendwie ist es im Treppenhaus viel düsterer als sonst, ganz ohne elektrisches Licht, obwohl es ja noch mitten am Tag ist.

Frau Weber macht nicht auf, aber da fällt mir ein, dass natürlich auch ihre Klingel nicht funktioniert, und ich klopfe laut.

»Pia, na, das ist ein Wetter draußen, was?«, sagt Frau Weber, als sie öffnet. Sie lächelt zwar, aber ich finde, sie sieht trotzdem irgendwie blass aus. »So ein Schneegestöber habe ich seit Jahren nicht erlebt! Beängstigend, diese extremen Wetterschwankungen heutzutage!«

Ich weiß nicht, was ich sagen soll, darum halte ich ihr bloß stumm die Plätzchentüte entgegen.

»Oh, wie lieb, danke!« Frau Weber nimmt sich gleich ein Butterplätzchen und beißt hinein. »Mmh! Ich habe ja selbst gar nichts Weihnachtliches zu Hause, weil ich dachte, ich wäre die Feiertage über weg«, sagt sie kauend.

Ich schlucke. »Meinen Sie, dass Sie es noch zu Ihrer Cousine schaffen?«, frage ich sie vorsichtig.

Frau Weber schüttelt den Kopf. »Nein, ich hab schon abgesagt. Selbst, wenn die Busse und Züge fahren ... Wie soll ich bei dem Wetter denn zur Haltestelle kommen? Ich bin nicht mehr so sicher zu Fuß. Und Schneff würde sowieso keine Pfote vor die Tür setzen.«

In diesem Moment öffnet sich unten die Haustür und Herr Benali und Opa Omar kommen die Treppe herauf, mit lauter Koffern und Taschen.

Normalerweise sagt Lailas Papa immer etwas Lustiges oder Nettes, wenn er mich sieht. Aber dieses Mal zieht er zur Begrüßung nur die Augenbrauen hoch. Dann stapft er mit finsterer Miene zu ihrer Wohnungstür.

Als Frau Weber Opa Omar sieht, schiebt sie sich ein

bisschen weiter aus der Tür. »Ach, Sie sind doch nicht abgereist?«, fragt sie und zupft an ihrer Frisur herum.

Opa Omar zwinkert, lacht und antwortet: »Frohe Weihnachten!« Sicher hat er gar nicht verstanden, was Frau Weber ihn gefragt hat, aber ich finde es nett, dass er ihr fröhliche Weihnachten wünscht, wo er selbst doch gar kein Weihnachten feiert.

»Danke, für Sie auch«, säuselt Frau Weber und wird ein bisschen rot.

Herr Benali dreht sich noch mal zu uns um. »Tja, es gehen kaum mehr Flüge. Wir mussten wieder umkehren. So ein Mistwetter!«

Lailas Mama, die auch aus der Wohnung in den Flur

gekommen ist, verdreht stöhnend die Augen und man kann sehen, dass sie sich nicht besonders darüber freut. Aber Laila ruft: »Hurra, Opa bleibt noch!« Sie stürmt auf ihn zu und zieht ihn zurück in die Wohnung.

Die Eltern schlurfen bedröppelt hinterher und ich sehe gerade noch, wie Herr Benali die Koffer abstellt, seiner Frau einen Arm um die Schultern legt und sie ihn ärgerlich abschüttelt.

Mit einem *Rumms!* knallt die Tür hinter den beiden zu.

Oje, auch das noch! Streit an Weihnachten geht gar nicht! Auch nicht bei Leuten, die kein Weihnachten feiern.

Mir wird ganz kalt und fröstelig. Kann es sein, dass mein Schneewunsch gerade dabei ist, alles im Haus durcheinanderzuwirbeln?

KAPITEL 6

»Pia-Mädchen«, sagt Frau Weber ganz besorgt und legt mir eine Hand auf die Schulter, »was ist denn mit dir los? Warum seufzt du denn so schwer? Hast du etwas auf dem Herzen?«

Eigentlich hab ich gar nicht bemerkt, dass ich seufze. Aber weil Frau Weber so lieb fragt, antworte ich: »Ich glaube, ich hab Mist gebaut.«

Frau Weber wartet noch ein bisschen ab, wahrscheinlich weil sie denkt, ich erkläre ihr das mit dem Mist noch genauer. Aber ich trau mich nicht. Zum Glück fragt sie nicht weiter nach, sondern sagt: »Weißt du, was mir meine Mutter immer geraten hat, wenn ich geschwindelt oder etwas ausgefressen habe?«

Ich schüttle den Kopf. Eigentlich kann ich mir ja gar nicht vorstellen, dass Frau Weber mal etwas Schlimmes getan hat.

»Sie hat gesagt: Jeder macht mal Mist, das ist nicht weiter tragisch. Schlimm ist nur, wenn man den Mist vor sich hin stinken lässt, anstatt sich die Mistgabel zu schnappen und ihn wegzuschaufeln.«

Ich denke darüber nach und muss grinsen. Aber als ich Frau Wissings aufgeregte Stimme von oben höre, vergeht mir das Lachen sofort wieder. Ich verabschiede mich von Frau Weber und renne zurück in den zweiten Stock, um nachzusehen, was da los ist.

Alle Wissings stehen im Treppenhaus. Herr Wissing steigt gerade die Stufen hoch zum Dachboden und kurz darauf hört man es von oben rumpeln.

Frau Wissing verdreht die Augen. »Pass bitte auf die teuren Vasen auf«, kreischt sie die Treppe hoch, »die sind antik! Er muss irgendwo hinter dem Karton mit dem chinesischen Teegeschirr stehen.«

Es poltert wieder. »Ich glaub ... ich hab ihn!«, hört man Herrn Wissing rufen. Die anderen Wissings und ich

starren gespannt nach oben. Da erscheint Herr Wissing mit einem seltsamen Gestell, das etwa so groß ist wie er selbst. Es sieht aus wie eine Spirale aus Eisen, die unten ganz breit ist und nach oben hin immer dünner wird.

»Was ist das?«, fragt Freddi.

»Unser Weihnachtsbaum«, erklärt Herr Wissing. Er hört sich ziemlich geschafft an und seine Haare stehen wirr zu allen Seiten hin ab.

Magda reißt die Augen auf und ihre Stirn sieht noch dackeliger aus als die von meiner grübelnden Mama und Schneff zusammen.

An einen Weihnachtsbaum erinnert das Ding nun wirklich nicht, eher an einen Schneebesen für einen Riesen.

»Es ist eben ein sehr moderner Baum«, erklärt Frau Wissing gereizt. »Wir hatten ihn vorletztes Jahr zur Deko in der Lobby. Er kam sehr gut an bei unseren Kundinnen und Kunden.«

Frau Wissing arbeitet irgendwas Wichtiges in einem Büro in der Stadt. Was, das kann ich mir nicht merken.

»Echt jetzt?«, fragt Magda. »Unter dem hässlichen

Ding sollen unsere Geschenke liegen?« Sie verzieht das Gesicht, als wenn ihr schlecht wäre.

»Ich will aber einen echten Baum«, murrt Freddi. »Der hier ist ja noch nicht einmal grün!«

»Eure Mutter wollte ja nicht, dass ich einen vom Baumverkäufer hole«, sagt Herr Wissing vorwurfsvoll.

»Weil die krumm und schief und außerdem nie frisch sind«, erklärt Frau Wissing. »Da hat man schon nach drei Tagen den ganzen Boden voller Nadeln. Unsere Nordmanntanne hingegen ist zwei Meter fünfundzwanzig hoch, kerzengerade und wurde heute früh erst gefällt.«

»Ja, und der Lieferwagen steckt wahrscheinlich mitsamt Tanne im Schnee fest«, motzt Magda.

»Genau«, sagt Herr Wissing.

»Wer konnte denn bitte schön mit so einem Schneechaos rechnen?«, schnaubt Frau Wissing: Ihre Nasenlöcher beben gefährlich und an Herrn Wissings Stelle würde ich jetzt lieber nichts mehr sagen. Tut er auch nicht. Dafür wiederholt Freddi mutig: »Ich will aber einen grünen Baum!«

»Schluss jetzt!«, sagt Frau Wissing. »Der hier ist perfekt

und der mundgeblasene Schmuck wird sehr edel daran aussehen! Andere wären froh über so ein exquisites Stück, nicht wahr, Pia?«

»Äh ...«, mache ich und überlege, was ich antworten soll.

Zum Glück ist Frau Wissing meine Antwort aber anscheinend gar nicht so wichtig, denn bevor ich was sagen kann, stöckelt sie zurück in ihre Wohnung. Magda und ihr Bruder folgen ihr mit hängenden Schultern.

»Sei du mal froh über euer Bäumchen, Pia«, sagt Herr Wissing mit einem müden Lächeln. Dann verschwindet er auch, mitsamt dem Schneebesen-Baum.

Ich bleibe noch kurz stehen und wundere mich über mich selbst. Kann es sein, dass mir Besserwissing-Freddi gerade leidtut?

KAPITEL 7

Mama liest in ihrem Lieblingssessel und ich betrachte unseren kleinen, geschmückten Fridolin. Eben ist mir nämlich klar geworden, dass wir die Einzigen im Haus mit einem Weihnachtsbaum sind. Jedenfalls einem grünen.

Am traurigsten finde ich, dass Frau Weber keinen hat. Wo sie den Baum doch das Allerwichtigste an Weihnachten findet. Und alles nur wegen meinem blöden Schneewunsch.

Vielleicht hätte ich nicht so oft und dringend wünschen sollen, sondern höchstens ein- oder zweimal? Mit meinen vielen Bitte-Bittes sind die verantwortlichen Wetter- und Weihnachtswunscherfüller wahrscheinlich ganz durcheinandergekommen. Was auch immer da schiefgelaufen ist – jetzt haben wir den Mist.

Bei Mist fällt mir Frau Webers Spruch wieder ein, der mit der Mistgabel. Oder eigentlich ja der von ihrer Mutter. Dass man seinen Mist mit der Mistgabel wegschaufeln soll, bevor er zu lange vor sich hin stinkt.

In meinem Fall brauche ich wohl eher eine Schneeschaufel. Aber was Frau Webers Mutter ja eigentlich gemeint hat, ist, dass man seinen Fehler wiedergutmachen soll. Die Frage ist bloß: Kann man auch verwünschte Weihnachtswünsche wieder rückgängig machen?

Keine Ahnung, aber weil das mulmige Gefühl in meinem Bauch immer doller wird, muss ich es versuchen.

Ich schiele zu Mama. Die ist hinter ihrem Buch eingedöst und schnarcht leise. Ich schleiche in ihr Schlafzimmer und von dort auf den Balkon. Genau von hier will ich nämlich meinen Rückwärtswunsch in den Himmel schicken.

Als ich meinen Kopf rausstecke, fegt mir gleich eine Ladung Schnee ins Gesicht. »Bitte, bitte, ihr alle da oben«, sage ich, höre aber meine Stimme kaum, so pfeift und windet es. Also trete ich ganz hinaus, obwohl es so ungemütlich ist und ich nasse Socken kriege.

»Bitte, ihr da oben«, rufe ich dann, so laut ich kann, »hört mal alle kurz zu: Ich glaube, mein Schneewunsch war falsch. Ich meine, ich habe mir das vielleicht ein paar Mal zu oft gewünscht und es hat ein Missverständnis gegeben. So viel Schnee wollte ich nämlich gar nicht. Nur so viel, dass es schön aussieht. Ich will niemanden von euch wütend machen und bedanke mich auch ganz herzlich, dass ihr euch solche Mühe gegeben habt. Aber vielleicht könntet ihr den Schnee jetzt stoppen? Ich glaube, es reicht nämlich. Dann kriegen Wissings vielleicht doch noch ihre Riesentanne und Frau Weber kann zu ihrer Cousine und der Vampir zu seiner Familie und Opa Omar erwischt seinen Flug nach Frankreich. Und bitte, möglichst schnell«, setze ich hinterher und hoffe, dass das nicht zu unverschämt war. Dann kneife ich die Augen zu und bete für ein Wunder.

Aber als ich vorsichtig blinzle, sehe ich etwas ganz anderes.

KAPITEL 8

Ausgerechnet Freddi Besserwissing steht auf dem Nachbarbalkon, gerade mal ein mickriges Stückchen von mir entfernt. Er hat eine Schale in der einen und einen Plastiklöffel in der anderen Hand und starrt mich aus zusammengekniffenen Augen an.

Mein Mund klappt auf und zu wie bei einem Fisch, aber mir fällt absolut nichts ein, was ich sagen könnte. Also frage ich blöde: »Und? Was machst du so hier draußen?«

»Ich bin dabei, einige Schneeproben zu nehmen, um sie unter meinem Mikroskop zu untersuchen. Wusstest du, dass kein Schneekristall dem anderen gleicht?«

Ich schüttle stumm den Kopf und weil Freddi mich weiter so komisch anstarrt, bin ich mir ziemlich sicher,

dass er gerade alles mitgehört hat und überlegt, wie er sich an mir rächen kann. Dafür, dass ich zu dumm zum Wünschen war und ihm seine Zwei-Meter-fünfundzwanzig-Tanne vermasselt habe.

Aber seltsamerweise wirkt er gar nicht sauer. Nur ein bisschen vielleicht und das verstehe ich sogar, das wäre ich an seiner Stelle auch.

»Da hast du uns ja ordentlich was eingebrockt«, sagt er mit einem finsteren Blick zum Himmel und zieht dann die Nase hoch. »Eigentlich ziemlich stark, wie du das geschafft hast. Sogar meine Wetter-App wusste das nicht und die irrt sich nie. Aber wie ich immer sage: Wo die Wissenschaft an ihre Grenzen stößt, fangen die Geheimnisse des Universums erst an.«

Ich nicke, obwohl ich nur die Hälfte von dem verstehe, was Freddi da redet. Aber irgendwie bin ich plötzlich sogar ein bisschen froh, dass ich endlich jemanden habe, mit dem ich über meinen verwünschten Schneewunsch reden kann. Selbst wenn es der Ober-Besserwissing von nebenan ist.

»Tut mir leid«, sage ich zerknirscht. »Wenn ich könnte, würde ich das alles ja wieder rückgängig machen.«

Freddi legt den Kopf schief und mustert mich von oben bis unten. »Ich schätze, das kriegst du allein nicht hin«, sagt er. »Da brauchst du professionelle Hilfe.«

Erst will ich schon was Patziges antworten, denn dass Freddi mit professioneller Hilfe sich selbst meint, ist ja wohl klar. Aber dann denke ich, dass er leider recht hat und ich für jede Hilfe dankbar sein muss. »Also gut«, sage ich, »und woran hast du gedacht?«

Freddis Augen leuchten plötzlich richtig auf, als wenn in ihm irgendwo Batterien versteckt wären und jemand auf einen unsichtbaren Knopf gedrückt hätte. »Ich schlage vor, wir gehen das Problem strategisch an«, erklärt er. »Das heißt, zuerst brauchen wir einen Plan und der wird dann Schritt für Schritt abgearbeitet, bis wir bei der optimalen Lösung angelangt sind!«

Er klingt so eifrig und begeistert, dass man fast denken könnte, er freut sich über meinen verwünschten Wunsch. Aber egal, ich versuche mich nicht weiter über ihn zu wundern. Und wer weiß, vielleicht ist Freddi ja meine Rettung.

KAPITEL 9

Freddi sagt, ich soll zu ihnen rüberkommen, seine Eltern sind sowieso gerade mal wieder mit Streiten beschäftigt und keiner wird sich dafür interessieren, wenn wir uns in seinem Labor dem Problem widmen.

Also husche ich zurück in unsere Wohnung, ziehe mir trockene Socken an und werfe einen Blick auf die schlafende Mama. Dann schreibe ich ihr noch rasch eine Nachricht: BIN BEI WISSINGS!

Ich muss heimlich kichern. Wetten, Mama staunt Schneekugeln, wenn sie das liest? Ich war nämlich noch nie so richtig bei Wissings zu Besuch.

Freddis Labor ist ein kleiner, abgetrennter Raum in seinem Kinderzimmer. Also, eigentlich ist es kein echter

Raum. Freddi hat seine Bücherregale und den Kleiderschrank nur so aufgestellt, dass dahinter noch eine kleine Kammer entsteht. Eine ziemlich clevere Idee, vielleicht mache ich das auch mal. Aber ich will dort kein Labor, sondern eine Kuschel-Leseecke.

Im Labor ist ein großer Tisch mit einem Globus, einem Mikroskop und einem Totenkopf, in dem Stifte stecken. Ich glaube, der ist aber nur aus Plastik. An einer Korkwand pinnen lauter vollgekritzelte Zettel.

»Hast du die alle gelesen?«, frage ich und deute auf das Bücherregal, in dem zwei ganze Reihen nur mit Sach-

büchern gefüllt sind. Ich selbst habe nur eins über Pferde und eins über Waldtiere. Ich mag nämlich lieber Bücher mit richtigen Geschichten.

Freddi zuckt mit den Schultern. »Die meisten.«

Ich schiele ihn von der Seite an. Der Besserwissing tut nicht nur schlau, er ist es wirklich. Das wird mir auf einmal klar. Eigentlich ja auch toll, dass er so viel weiß und sich für so viele unterschiedliche Dinge interessiert.

Plötzlich fällt mein Blick auf ein paar Luftballons, die mit Transparentpapier und Kleister beklebt sind und an der Heizung trocknen.

»Bastelst du etwa Laternen?«, frage ich und bin ganz glücklich, weil ich endlich mal bei was mitreden kann. »Hoffentlich hast du die Papierschicht nicht zu dick gemacht, sonst werden sie zu schwer, ist mir mal passiert.«

Freddi schüttelt den Kopf. »Das werden Planeten«, erklärt er. »Ich baue mir ein eigenes Planetensystem!«

»Ach so!«, sage ich. Laternen sind Freddi anscheinend zu simpel.

»Setz dich«, sagt Freddi und deutet auf einen grünen Sessel, der aussieht wie eine Monsterkralle. Er selbst lässt sich auf einen Drehstuhl an dem großen Tisch fallen. »Bevor wir das Problem angehen, musst du mir ein paar Details verraten.«

»Hä?«

»Na, hast du dir den Schnee laut gewünscht oder heimlich? Öfter oder nur wenige Male? Schriftlich oder mündlich?«

Ich erzähle ihm alles, was mir einfällt. Auch, dass ich schon im Oktober mit dem Wünschen angefangen habe.

»Aha, interessant. Und kam es seither jeden Tag zu einer Wunschsituation?«, erkundigt sich Freddi und zieht einen Notizblock und einen Bleistift hervor.

»Hm, glaube schon«, antworte ich. »Na ja, vielleicht könnte ich es auch mal vergessen haben, aber dafür hab ich an manchen Tagen auch zwei- oder dreimal gewünscht. Wozu soll das eigentlich wichtig sein?«

Freddi notiert etwas. »Nachdem du es mit eigener Willenskraft und viel Ausdauer geschafft hast, die Gesetze der Wissenschaft außer Kraft zu setzen, sollten wir es bei der Aufhebung des Wunsches auf ähnliche Weise versuchen.«

»Das hab ich ja schon«, sage ich verzweifelt. »Aber du hast ja gesehen – es funktioniert nicht!«

Freddi nickt. »Klar, diese Schneeflut da draußen ist schließlich das Ergebnis von mehr als zwei Monaten Dauerwünschen. Jetzt haben wir nicht so viel Zeit. Was wir also brauchen, ist etwas, was auf Anhieb knallt! Was so große Wirkung hat, dass es diesen mächtigen Riesenwunsch auf einen Schlag stoppen kann.«

Er bohrt mit seinem Stift in der Nase.

»Ich hab's«, rufe ich, als mein Blick wieder auf die Planetenballons fällt. »Wie wäre es, wenn wir einen Schwung Luftballons in den Himmel schicken? Mit Rückwunsch-Zetteln dran?«

Im Sommer haben wir so etwas zu Tante Fridas Hochzeit gemacht. Jeder durfte einen Wunsch für das Brautpaar in den Himmel schicken. Ich hab auf meinen Zettel geschrieben, dass sich Tante Fridas Bräutigam den Schnauzbart abrasieren soll. Der sieht nämlich ziemlich bescheuert aus. Leider ist der Wunsch bis heute nicht in Erfüllung gegangen, aber vielleicht findet Tante Frida den Bart ja auch nicht so schlimm.

»Hast du denn genügend Ballons?«, fragt Freddi.

»Jede Menge«, antworte ich.

»Und Helium?«

Ich ziehe fragend die Augenbrauen hoch.

»Damit muss man die Ballons befüllen, sonst fliegen sie nicht!«

Stimmt. Ich komme mir ziemlich dumm vor. Daran hätte ich auch selbst denken können. Ich schüttle den Kopf.

Freddi zuckt mit den Schultern. »Egal, wahrscheinlich hätte der Wind sie sowieso abgetrieben und sie wären am nächsten Baum zerplatzt.«

Wir schweigen eine Zeit lang, dann steht Freddi auf und holt ein Buch aus seinem Regal. Auf dem Umschlag ist eine Maschine abgebildet, die blitzt und dampft, und davor steht ein Junge, der die Arme ausgebreitet hat wie ein Zauberer.

»Renaldos Wunscherfüllungsmaschine«, entziffere ich. »Ja und? Was hat das Buch mit uns zu tun?«

»Es könnte die Antwort auf unser Problem sein«, sagt Freddi und wirkt auf einmal ganz aufgeregt. »Renaldo hat in einem alten Schuppen eine Maschine gefunden, die Wünsche erfüllen kann. Aber das tut sie nur ein einziges Mal

umsonst. Bei jedem weiteren Mal will sie etwas dafür haben, und zwar etwas echt Kostbares.«

Ich nicke. Klingt spannend, aber so richtig verstehe ich immer noch nicht, was Freddi mir damit sagen will. »Wir haben aber doch keine solche Wunscherfüllungsmaschine«, erinnere ich ihn.

»Richtig. Aber du hattest anscheinend einen Umsonstwunsch«, sagt Freddi. »Vielleicht ticken die Weihnachtswünsche-Erfüller da oben ähnlich wie die Maschine und jetzt wollen sie für den Rückwunsch so etwas wie ein Gegengeschenk.«

Hm, wäre natürlich schon möglich. Heutzutage ist ja nichts umsonst. Das sagt jedenfalls Oma Karin immer.

»Und was könnte denen gefallen?«, frage ich. Leider glaube ich, wir haben gar nichts richtig Kostbares zu Hause. Nicht mal unseren Computer, der ist nämlich kaputt. Aber da fällt mir etwas anderes ein. »Wie wäre es mit eurem komischen Eisenbaum?«, frage ich vorsichtig.

Freddis unsichtbare Batterie lässt wieder seine Augen aufleuchten. »Perfekt!«, antwortet er. »Doppelt perfekt sogar. Der ist kostbar und wir wären ihn los!«

Ich freue mich auch und bin außerdem ziemlich stolz auf mich. Und dann fällt mir auf einmal doch noch was Kostbares aus unserer Wohnung ein. »Ich hätte eine Ente übrig, die war auch ziemlich teuer, glaube ich.«

Freddi ist einverstanden. Also schleiche ich wieder zu uns rüber und schaffe es problemlos an der immer noch schlafenden Mama vorbei zum Balkon. Dort übergebe ich Freddi über das Geländer hinweg unsere Ente und sause zurück zu Wissings. Freddi schlägt vor, den Eisenspiralenbaum in ihren Wintergarten zu schleppen und die Sache dort zu erledigen.

Weil seine Eltern gerade im Schlafzimmer sind und versuchen, eine ziemlich lange Lichterkette zu entwirren, schleppen Freddi und ich das komische Gerüst aus dem Wissing-Wohnzimmer in den Wintergarten. Der mundgeblasene Christbaumschmuck hängt schon daran. Er bimmelt leise und sieht wirklich hübsch und teuer aus. Bestimmt macht er unser Geschenk gleich noch ein bisschen kostbarer.

»Und die Ente?«, frage ich.

»Gib her!« Freddi steigt auf einen kleinen Schemel

und steckt sie auf die Spitze des Eisenbaumes. Das ist etwas schwierig, aber irgendwann hält sie.

»Und was müssen wir jetzt tun?«, frage ich.

Freddi zuckt mit den Schultern. »Also, die Maschine in dem Buch will, dass man mit geschlossenen Augen um die Gaben herumtanzt und sich dabei auf seinen Wunsch konzentriert. Wenn man dann wieder guckt, sind die Geschenke verschwunden und der Wunsch ist erfüllt.«

Ich holte tief Luft. »Also gut, meinetwegen«, sage ich, »dann mal los!«

Wir fangen an, um den Baum herumzuhopsen. Ich stelle mir vor, wie die Wintersonne über unserem Haus aufgeht und alle Schneewolken verdrängt und die hellen, warmen Strahlen den Schnee auf den Zweigen und Hausdächern wunderbar glitzern lassen. Ich tanze immer wilder und bin dabei so konzentriert, dass ich nicht einmal mitkriege, wie sich die Wintergartentür öffnet. Erst als irgendjemand losquiekt, bleibe ich stehen und Freddi rempelt voll in mich hinein. Er stößt mit dem Ellbogen an den Baum und ein teurer, mundgeblasener Tannenzapfen landet auf dem Boden und geht zu Bruch. Die Ente landet auf meiner Schulter. »Autsch!«

Magda starrt uns mit aufgerissenen Augen an. »Ich glaub, ich spinn!«, krächzt sie. »Wenn Mama das sieht, gibt's sowas von Ärger!«

Freddi reibt sich den Ellbogen und ich mir den Kopf.

»Tja, also ...«, stammelt Freddi und schaut mich fragend an.

Aber ich weiß gerade auch nicht, wie wir das jetzt erklären sollen.

KAPITEL 10

So richtig viel haben wir gar nicht sagen müssen, denn Magda hat die ganze Zeit herumgemotzt und uns Babys und Doofis genannt. Aber immerhin hat sie Freddi und mir geholfen, die mundgeblasenen Scherben aufzusammeln und das Eisengestell wieder ins Wissing-Wohnzimmer zu schleppen. Die Ente lassen wir über den Balkon verschwinden und legen sie auf einen unserer Blumenkästen am Geländer.

Keine Sekunde zu früh, denn gleich darauf kommen die Wissing-Eltern aus dem Schlafzimmer. Herr Wissing ist halb eingewickelt in die Lichterkette und sieht ziemlich genervt aus. Er meint, er fragt sich, wofür er die dumme Kette überhaupt entwirren soll, wo es doch sowieso keinen

Strom gibt. Und Frau Wissing keift zurück, dass sie ja wohl nicht ewig ohne Strom sein werden und warum er sich immer so ungeschickt anstellen muss.

Höchste Zeit, dass ich verschwinde. Streitende Wissings sind noch schlimmer als normale.

Freddi verdreht auch die Augen. »Notfallbesprechung vorm Kindergarten, in fünf Minuten«, flüstert er mir zu, kurz bevor ich in unsere Wohnung flitze.

Ich nicke. »Aber, bitte, bitte, bitte nichts verraten!«, flüstere ich zurück. Denn auch wenn Freddi jetzt mein Geheimnis kennt, will ich lieber nicht, dass sonst noch jemand im Haus davon erfährt. Vor allem nicht Magda. Die würde mich sicher in Grund und Boden motzen, wenn sie wüsste, dass ich schuld an ihrer Eisenspirale bin.

Freddi hebt drei Finger hoch und ich glaube, das soll das Schwör-Zeichen sein.

»Pia-Maus«, sagt Mama, als ich nach Hause komme, und legt einen Arm um meine Schultern, »ich fürchte, aus dem Krippenspiel wird nichts. Es fahren sicher weder Busse noch Straßenbahnen.«

Ich schaue zur Uhr. Um halb vier sollen alle, die

mitmachen, in der Kirche sein. Für die Zuschauer ist es sicherlich nicht schlimm, wenn ein Engel in der Schar fehlt, für mich aber schon. Richtig schlimm sogar.

Ich merke, wie mir die Tränen kommen. Annika hat mir alles genau beschrieben: Erst kommt das Krippenspiel und ganz zum Schluss gehen alle Lichter aus, nur die am Weihnachtsbaum brennen weiter und gemeinsam wird »Stille Nacht, heilige Nacht« gesungen. Das ist mein absolutes Lieblingsweihnachtslied. Ich kenne alle Strophen und kriege immer Glücksgänsehaut, wenn ich es höre.

»Vielleicht hört es bis dahin ja noch auf zu schneien«, sage ich leise, aber so richtig glauben kann ich das selbst nicht. Unser Tanz um den Eisenbaum wurde ja von Motz-Magda unterbrochen und die Flocken wirbeln so doll vorm Fenster herum, als wollten sie mich auslachen.

»Ja, vielleicht«, sagt Mama. »Sei aber nicht traurig, wenn nichts daraus wird. Wir machen das Beste aus der Sache, ja? Auch ohne Ente und Strom und Kirche.« Sie streichelt meine Wange. »Gerade Weihnachtsfeste, die etwas anders ablaufen als geplant, bleiben einem ganz besonders in Erinnerung.« Sie lacht. »Und später kannst du sogar noch

deinen Kindern davon erzählen, wenn du welche bekommst.«

Ich nicke schwach und frage mich, ob Mama nur lieb sein will und sich eigentlich gerade wieder heimlich nach Dubai wünscht. Aber dann fällt mir Freddi wieder ein. Sicher wartet er schon unten auf mich. Weil Mama sowieso noch Geheimnisse hat und ohne mich in ihrem Zimmer was machen will, muss ich gar nicht viel erklären und husche hinaus. Dass ich manchmal im Treppenhaus spiele, weiß Mama, und solange ich nicht zu laut bin, darf ich das.

Inzwischen ist es schon richtig dämmerig geworden. Aber im Erdgeschoss, hinter der Treppe, wo der Eingang zum Kindergarten ist, sehe ich einen hellen Schein aufblitzen. Freddi sitzt auf der kleinen Bank vor der Garderobe, wo sich die kleinen Kinder sonst ihre Schuhe und Jacken ausziehen und über jedem Haken ein Bildchen klebt. Aber er ist nicht allein. Motz-Magda sitzt neben ihm und zwischen ihnen liegt eine angeknipste Taschenlampe.

»Sie hat zu viele Fragen gestellt«, erklärt Freddi mit ernstem Gesicht. »Also musste ich sie einweihen.«

»Was?« Mir wird übel. Gleich wird sie sich auf mich stürzen und mir die Augen auskratzen.

»Du weißt schon ...« Freddi zwinkert mir heimlich zu. »Dass wir die Mächte des Himmels mit einer ausgefeilten Zeremonie dazu bringen wollten, den Schnee zu stoppen. Damit unser Weihnachtsbaum geliefert wird und Mama ihren Hummer kochen kann und so.«

Mir plumpst ein riesiger Stein vom Herzen. Freddi hat also dichtgehalten und nichts von meinem verwünschten Weihnachtswunsch verraten. Er ist echt in Ordnung.

Trotzdem blickt Magda im Schein der Taschenlampe so

finster drein, dass wahrscheinlich selbst ein Vampir vor ihr Reißaus nehmen würde.

»Also, ihr zwei Pupsis«, sagt sie, »um mal zwei Dinge klarzustellen: Der Weihnachtsmann, das Christkind, Engel und Wichtel und so weiter lassen sich nicht bestechen. Und außerdem: Für das Wetter da draußen kann keine Himmelsmacht der Welt etwas, der Grund ist höchstens die Erderwärmung. Darum könnt ihr euch euer Rumgehopse sparen. Okay?«

Ich erwidere nichts, aber weil Freddi nickt, nicke ich lieber auch mal.

»Aber es stimmt schon, das Ganze nervt echt«, brummt Magda und ich muss schnell wegschauen, weil ich Angst habe, dass sie das Schneegeheimnis einfach aus mir herausliest.

»Eben! Darum wollten wir ja auch irgendetwas unternehmen«, erklärt Freddi noch mal. »Damit dieses Weihnachten ... Also, damit das nicht ... total kacke wird.« Freddis Stimme hört sich plötzlich ganz wackelig an. »Ist doch schlimm, wenn sich Mama und Papa bloß noch streiten«, nuschelt er hinterher. Im Schein der Taschenlampe sehe ich, dass seine Augen feucht glänzen.

Mir wird ganz schwummerig. Weint Besserwissing-Freddi etwa?

Magda sieht ihren Bruder auch ganz erschrocken an. Ich glaube, so kennt sie ihn gar nicht und er tut ihr gerade richtig leid, genauso wie mir. Am liebsten würde ich Freddi umarmen und mich tausendmal bei ihm entschuldigen. Wenn ich das Annika erzähle, glaubt sie mir kein Wort.

Aber ich muss Freddi gar nicht umarmen, das macht

jetzt nämlich seine Schwester. Zwar nur ganz kurz, aber trotzdem ist es schön zu sehen, dass sie auch mal einfach bloß nett sein kann.

»Wir sollten es noch mal versuchen«, platzt es plötzlich aus mir heraus, weil ich das nämlich wirklich finde und mir außerdem gerade ein guter Gedanke gekommen ist.

»Wie bitte?« Magdas Blick schießt zu mir wie ein Pfeil.

»Keine Angst, nichts, was mit Tänzen um Eisenbäume zu tun hat«, sage ich schnell. »Aber wir brauchen etwas, das hilft, damit alle wieder bessere Laune kriegen – auch mit Schnee und Stromausfall.«

Vielleicht ist es ja wirklich nicht möglich, meinen übermächtigen Schneewunsch auf die Schnelle zu stoppen. Aber das Beste aus der Sache zu machen, genau, wie Mama es vorhin gesagt hat, das kriegen wir vielleicht hin.

»In Filmen und Büchern sind doch immer alle Leute ganz begeistert, wenn sie an Weihnachten eingeschneit sind und keinen Strom haben, weil sie das romantisch und geheimnisvoll und wie ein großes Abenteuer finden«, erkläre ich den anderen, weil die so aussehen, als wenn sie überhaupt nichts kapieren. »Das müsste bei uns doch

auch funktionieren.« Ich blicke zwischen Magda und Freddi hin und her. »Versteht ihr, was ich meine? Wir müssen den Erwachsenen das alles hier nur irgendwie ... schmackhaft machen!«

Freddi sieht mich erst etwas nachdenklich an, dann nickt er. »Der Ansatz klingt jedenfalls interessant.«

Magda zuckt mit den Schultern und brummt: »Wie auch immer, Hauptsache, die kriegen sich alle wieder ein.«

Ich starre sie verblüfft an. Kein Gemotze? Kein Augenrollen? Kann das wahr sein?

KAPITEL 11

»Was macht ihr da?«

Wir zucken alle drei zusammen, als plötzlich eine kleine Gestalt mit einem großen Plüscheinhorn unterm Arm hinter der Treppe auftaucht.

»Laila, musst du uns so erschrecken!«, keuche ich. »Wir haben uns ... äh ... hier getroffen, um etwas zu besprechen!«

»Das ist mein Platz«, sagt Laila und drängelt sich neben Magda auf die Bank. »Der mit der Eule! Aber ihr dürft auch hier sein, ich erlaube das!«

»Na, vielen Dank auch!«, brummt Magda.

Laila drückt ihr Einhorn an sich, knibbelt an seinem Schweif herum und holt tief Luft. »Vielleicht schlaf ich heute hier, aber das dürft ihr dann nicht verraten, okay?«

Ich runzle die Stirn. »Warum willst du denn hier schlafen?«

Laila zieht die Nase kraus. »Mama und Papa meckern sich den ganzen Tag bloß an. Und nur, weil Opa nicht nach Frankreich geflogen ist. Ich hab sie nämlich belauscht.«

Magda schüttelt den Kopf. »Dein Opa ist doch total in Ordnung, warum soll der denn unbedingt weg?«

Laila zuckt mit den Schultern. »Mama hat gesagt, jetzt ist er schon vier Wochen hier und bringt ihre ganze Wohnung durcheinander. Immer kocht er Berge von irgendetwas und lässt dann alle schmutzigen Töpfe stehen und wirft Sachen weg, die Mama noch behalten will. Papa sagt, das meint er nicht böse und er will bloß mithelfen. Aber eben hat Opa angefangen, alle unsere Schränke neu zu sortieren, und da ist Mama richtig ausgeflippt.«

Freddi kichert. »Das wäre unsere Mutter auch, garantiert!«

Laila schnieft. »Mama hat gesagt, sobald der blöde Schnee aufhört, packt sie ihre Koffer und zieht in ein Hotel und bleibt so lange dort, bis alles wieder aussieht wie vorher.«

Ich streichle Laila über den Lockenkopf. »Das macht sie ganz bestimmt nicht, Eltern sagen manchmal solche Sachen«, versuche ich sie zu trösten. Aber schön hört sich das natürlich wirklich nicht an und sofort ist mein Schlechtes-Gewissen-Gefühl wieder da.

»Im Moment spinnen anscheinend alle Eltern«, stellt Magda fest. »Bis auf deine Mutter, Pia, die ist noch einigermaßen normal.«

Ich zucke mit den Schultern. Vielleicht liegt das ja nur daran, dass wir keinen Papa im Haus haben, mit dem sie Streit kriegen kann. Aber so richtig glücklich ist Mama trotzdem nicht, das weiß ich. Immerhin wäre sie jetzt lieber irgendwo in der Sonne anstatt hier im Schneechaos.

»Wir wollten sowieso gerade einen Plan schmieden, wie die Laune von allen im Haus wieder besser wird«, sagt Freddi.

Seine Schwester rempelt ihn an. »Hör auf, sie ist noch zu klein«, zischt sie.

»Bin ich gar nicht«, sagt Laila da natürlich.

Ich finde eigentlich auch, dass wir gar nicht genug Kinder für unsere Mission sein können. Schließlich sind es ja auch ziemlich viele Erwachsene, die wir wieder vernünftig kriegen müssen.

»Also, von mir aus«, brummt Magda, »kommt ja wahrscheinlich sowieso nichts dabei raus.«

Laila macht ein stolzes Gesicht und sieht jetzt schon nicht mehr ganz so traurig aus wegen der Streiterei ihrer Eltern.

Freddi schlägt als Erstes vor, alles zu sammeln, was Erwachsenen grundsätzlich gute Laune macht und was auch mit viel Schnee und ohne Strom geht. So wie Wäschefalten, Aufräumen, Leisesein, Hausaufgaben machen, Höflichsein, ordentlich essen, Putzen und solche Sachen. Aber irgendwie bringt uns das nicht weiter, denn mit Weihnachten hat das alles ja überhaupt nichts zu tun.

»Feste«, sagt Laila plötzlich.

Wir starren sie an.

»Wie, Feste?«, raunzt Magda.

»Also, meine Eltern mögen Feste, dann sind sie immer gut gelaunt«, erklärt Laila.

Und da sehe ich die Lösung sofort vor mir. »Klar, ein Überraschungsweihnachtsfest für alle«, rufe ich. »Das ist die Idee, Laila!«

Mir fallen plötzlich Mamas Worte von vorhin ein und ich versuche, sie wieder einigermaßen zusammenzubringen: »Wir könnten ein Weihnachtsfest auf die Beine stellen, das zwar anders ist, aber dafür so besonders, dass es uns ewig in Erinnerung bleibt!«, sage ich und fühle mich dabei richtig feierlich. »Das ist dann fast so wie mit der frohen Botschaft vom Weihnachtsengel!«, füge ich noch hinzu. »Damals gab es ja auch noch keine Handys und keinen Strom, aber trotzdem haben die Leute irgendwie mitbekommen, dass das Jesuskind geboren wurde, und sind zur Krippe gelaufen und haben sich mordsmäßig gefreut und es anderen weitererzählt! Und bis heute wissen wir, was damals passiert ist, weil es nämlich so toll und selten und außergewöhnlich war.« Ich bin richtig stolz, dass mir das mit der Geburt von Jesus noch eingefallen ist.

Kurz ist es still und die anderen schauen mich bewundernd an. Dann nickt Freddi.

»Klingt ganz okay!«, sagt er. »Feste mögen unsere Eltern auch und vielleicht hören sie dann auch mit dem Rumgestreite auf, weil es ihnen peinlich ist, wenn noch andere dabei sind.«

Magda sagt zwar nicht, dass sie die Idee gut findet, aber ich glaube, sie ärgert sich nur, weil sie nicht selbst darauf gekommen ist.

»Und wo soll bitte schön diese tolle Party steigen, wenn sie eine Überraschung werden soll?«, brummt sie.

Hm, das ist natürlich eine gute Frage.

»Hier drin«, sagt Laila und zeigt auf die Kindergartentür. »Ich weiß, wo Mama den Schlüssel hat! Und geschmückt ist auch schon, weil wir nämlich im Kindergarten ganz viel gebastelt haben.«

Freddi und ich schauen uns an und nicken und selbst Magda hat nichts rumzunörgeln.

Laila ist vielleicht klein, aber wirklich gut zu gebrauchen. Und es ist superpraktisch, dass ihre Mama als Erzieherin im Kindergarten arbeitet!

KAPITEL 12

Ich laufe hoch in unsere Wohnung, um meine erste Aufgabe zu erledigen: Vorräte hamstern. Wir wollen nämlich ein Büffet aufbauen, von dem sich alle das nehmen können, was ihnen schmeckt. Ein bisschen wie in einem Hotel, aber natürlich nur mit kalten Sachen.

Ich finde jede Menge Plätzchen, Lebkuchen, Äpfel, Mandarinen und Brötchen. Oje, aber als ich auf den Balkon gehe, sind alle frischen Sachen tief unter dem Schnee begraben. Ich grabe nach dem Schinken und dem teuren Käse, den Mama sich ganz selten leistet und den ich viel zu stinkig finde. Die kleinen Gurken und die Kinderjoghurts nehme ich auch noch mit, es soll ja für alle was Leckeres geben. Dann werfe ich einen Blick auf die wirbelnden

Schneeflocken. Es werden immer noch nicht weniger, aber jetzt, mit unserem neuen Plan, finde ich sie schon gar nicht mehr so schlimm.

»Mama, ich bin noch mal ein bisschen weg«, rufe ich kurz darauf durch ihre Zimmertür.

Drinnen höre ich es rascheln. »Jetzt? Was hast du denn vor?«, fragt Mama verwundert. »Es ist Heiligabend, da wollen die Leute normalerweise für sich sein.«

Ja, normalerweise schon, denke ich. Aber heute ist nicht normalerweise. Heute ist Schneechaos und Stromausfall und ganz besonderes Überraschungsweihnachten.

»Die Benalis feiern aber ja gar nicht Weihnachten«, sage ich schnell. Nichts gelogen und nichts verraten.

Es dauert ein bisschen, bis Mama etwas sagt, aber dann meint sie schließlich: »Also gut, bleib bitte trotzdem nicht zu lange weg, ja?«

Ich antworte nicht. Keine Ahnung, wie lange wir für die Vorbereitungen brauchen. Aber zur Not muss ich mir eben noch eine Ausrede überlegen. Bis fünf müssen wir allerdings fertig sein. Da gibt es nämlich bei uns und auch bei Wissings Bescherung.

Als ich mit meiner Beute unten ankomme, steht die Kindergartentür offen, Laila hat also schon den Schlüssel geholt. Hoffentlich heimlich, ohne zu verraten, wofür sie ihn braucht.

Freddi und Magda waren inzwischen zum Stöbern im Keller. Sie haben jede Menge kleine Dekosachen, einen riesigen Holz-Elch mit roter Nase und zwölf Mini-Taschenlampen aufgetrieben. Einige davon sind schon angeknipst, sodass es in dem großen Gruppenraum richtig hell ist.

Gerade sind die beiden dabei, mehrere quadratische Tische zusammenzurücken.

»Hier unter die Sternengirlande kommt das Büffet«, erklärt Freddi. »Und da drüben, an die übrigen Tische, können sich dann die Leute setzen.«

Ich nicke zufrieden. Dann sehe ich mich nach dem vierten Mitglied unseres Party-Teams um.

»Wo steckt eigentlich Laila?«, frage ich und werde ein bisschen nervös, weil ich sie nirgends entdecken kann. Vielleicht müssten wir ihr noch mal erklären, dass sie wirklich, wirklich niemandem etwas von der Feier verraten darf. Kleine Kinder können ja nie lange Geheimnisse für sich behalten und haben außerdem noch nicht so viel Übung im Ausredenerfinden.

»Die ist nur kurz zu Frau Weber gegangen«, brummt Magda. »Ein paar von diesen süßen Dingern von ihrer Mutter abliefern!«

Oh nein! Hoffentlich ist sie nicht schon dabei, alles auszuplaudern. Vor allem für Frau Weber soll die Weihnachtsfeier doch eine Überraschung werden!

Ich stürze in Turbogeschwindigkeit die Treppen hoch.

Wie eine Irre hämmere ich an die Tür und springe, sobald sie sich öffnet, an der verdutzten Frau Weber vorbei in den Flur. Leider übersehe ich dabei Schneff.

»Autsch!« Ich stolpere über den armen Dackel und knalle auf die Knie. Schneff bellt vor Schreck auf, kreiselt ein paarmal um sich selbst und haut mit wehenden Ohren durch die offene Wohnungstür ab.

»Schneff!«, ruft Frau Weber, »Schneffilein, komm sofort zurück zu Frauchen!«

Ich rapple mich hoch. »Wohin ist er denn?«, frage ich atemlos.

Frau Weber deutet nach oben und ich wetze die Treppen hoch. »Schneff!«, rufe ich, »komm her, Schneffi, komm zurück!«

Leider steckt aber bloß Frau Wissing den Kopf zur Tür raus. »Pia, um Himmels willen, warum schreist du denn so? Ist was passiert?«

»Schneff ist abgehauen, der Dackel von Frau Weber!«

Frau Wissing rümpft die Nase. »Das kommt davon, wenn man seinen Hund nicht ordentlich erzieht. Sicher

ist er irgendwo auf dem Dachboden. Hoffentlich macht er da nirgends sein Häufchen hin, ich hab dort ein paar sehr wertvolle Antiquitäten!«

Der Dachboden! Ich gehe überhaupt nicht gerne allein dorthin, weil es so viele dunkle Ecken gibt und Spinnen und weil doch direkt daneben der Vampir wohnt. Schaudernd schleiche ich ein paar weitere Stufen hinauf. Tatsächlich, die Tür steht einen Spalt offen. Wahrscheinlich hat Herr Wissing sie nicht richtig zugemacht, als er das Eisengestell holen musste.

Auf der vorletzten Stufe mache ich kehrt. Auf keinen Fall werde ich Schneff allein dort oben suchen.

»Falls du Magda und Frederick siehst, sag ihnen bitte, dass sie nach Hause kommen sollen«, sagt Frau Wissing streng, als ich wieder vor ihrer Tür angelangt bin. »Ich finde es unhöflich, wenn sie an Heiligabend bei anderen Leuten sind, auch wenn sie kein Weihnachten feiern.«

Aha, die beiden haben also auch erzählt, sie wären bei den Benalis. Trotz der Sache mit Schneff muss ich heimlich grinsen. So viele Ausreden und Geheimnisse!

Aber das muss wohl sein, wenn man eine Überraschungsparty vorbereitet. Ich finde, das sind dann auch keine echten Lügen. Höchstens vielleicht ganz harmlose, die nicht richtig zählen.

KAPITEL 13

»Pia!«, ruft Frau Weber mir entgegen, »hast du Schneff?«

Ich möchte nicht wissen, wie viele Stufen ich heute schon rauf- und runtergerannt bin.

»Nein«, keuche ich, als ich wieder bei Frau Weber angelangt bin, »ich glaube, er ist irgendwo auf dem Dachboden.«

Laila steht neben Frau Weber und sieht sehr zufrieden aus. Ihr Mund ist braun verschmiert und erinnert mich sehr an Frau Webers Kakao – wenn wohl auch bloß an einen kalten.

Jetzt kommen auch Freddi und Magda hochgeschlurft, Freddi mit so einer albernen Stirnband-Taschenlampe am Kopf.

»Na, heute ist hier aber ordentlich viel Betrieb«, wundert sich Frau Weber.

»Schneff ist auf den Dachboden abgehauen«, erkläre ich den anderen. »Kommt ihr mit, ihn suchen?«

»Ich nicht«, brummt Magda und rümpft die Nase, »da oben krieg ich bloß wieder meine Stauballergie!« Und schon ist sie wieder nach unten verschwunden. Freddi will ihr nachlaufen, aber ich ziehe ihn an seinem Pulli zurück.

»Du! Du musst zu eurer Mama und was Neues erfinden, sonst sucht sie euch noch!«, raune ich ihm zu.

»Okay!« Sofort haut er ab in die Wissing-Wohnung.

Na toll, jetzt sind bloß noch Laila und ich übrig. Ich kriege schon ein Gruselgefühl, wenn ich nur an den dunklen Dachboden denke, aber es hilft nichts. Frau Weber sagt zwar, wir sollen es gut sein lassen, Schneff liebt es, in irgendwelchen Ecken herumzuschnüffeln, und er wird schon wiederkommen, wenn es ihm allein zu langweilig wird. Aber ich finde, ich hab Frau Weber heute schon genug Ärger beschert, und darum nehme ich jetzt Laila einfach fest bei der einen Hand und meine Taschenlampe in die andere. »Los, Laila, wir sehen mal nach!«

Auf dem Dachboden ist es immer etwas muffig und riecht nach alten Teppichen und Möbeln.

»Einmal, als ich mit Papa hier war, haben wir eine Fledermaus entdeckt«, verkündet Laila fröhlich. »Das war sooo lustig! Sie ist ganz dicht über uns weggeflattert und hat Papas Haare gestreift. Da hat der vielleicht gequiekt.«

»Echt? Haha«, lache ich schwach, aber eigentlich hoffe ich, dass wir keinen Fledermaus-Überraschungsbesuch kriegen und bald wieder von hier weg sind.

Mit meiner Taschenlampe leuchte ich vorsichtig in die Ecken. »Schneff«, rufe ich und meine Stimme hört sich ganz seltsam an, irgendwie dumpf und gar nicht richtig nach mir. »Komm schon, dein Frauchen wartet auf dich!«

Die vielen Möbel und Kisten, die hier herumstehen, werfen unheimliche Schatten. Auf einmal raschelt etwas. Das Geräusch kommt zwischen ein paar Kartons und Plastiksäcken hervor. Mein Herz klopft.

»Das ist er sicher«, kräht Laila und stürmt los.

»Nicht so schnell«, zische ich und hechte hinterher, »sonst erschrickt er und haut gleich wieder ab.« Aber im nächsten Augenblick bin ich es, die erschrickt. Ein anderes

Licht blitzt nämlich direkt vor mir auf und blendet mich. Ich muss ein paarmal blinzeln und als ich was erkennen kann, prangt Ferdinand Monds Gesicht vor mir. Es leuchtet tatsächlich hell und bleich wie der Mond. Am liebsten hätte ich losgeschrien, aber vor lauter Schreck kriege ich keinen Ton raus.

»Ach, du bist es nur«, sagt Laila dafür. Sie fürchtet sich anscheinend kein bisschen.

Der Vampir zieht eine Braue hoch. »Habt ihr denn jemand anderen erwartet?« Er blickt uns lauernd an. Täusche ich mich oder glühen seine Augen?

Nein, nein, will ich eigentlich sagen, aber da plappert Laila schon los: »Ja, wir suchen den Dackel von Frau Weber, der reißt immer aus.«

Der Vampir fährt sich mit der Zunge über die Lippen. »So, so. Na, falls ich ihn finde, bring ich ihn zurück!«

Ich stehe da wie angewurzelt. Obwohl ich am liebsten abhauen würde, kann ich doch Schneff jetzt nicht im Stich lassen. Was, wenn Ferdinand Mond ihn wirklich findet und ... Ich mag den Gedanken gar nicht zu Ende denken!

»Pia, Laila, lasst mal, das bringt doch nichts!«, tönt da Frau Webers Stimme aus dem Treppenhaus.

Ich zögere immer noch, aber Laila zieht mich einfach mit sich und irgendwie bin ich froh darüber.

»G-g-gut, also, danke«, stammle ich noch in Richtung Vampir, dann mache ich mich mit Laila aus dem Staub. In Gedanken entschuldige ich mich noch vielmals bei Schneff und hoffe, dass er so schlau ist und mucksmäuschenstill in seinem Versteck bleibt.

Vor der Wissing-Wohnung rennen wir in Freddi hinein.

»He!« Er reibt sich die Schulter. »Habt ihr Schneff gefunden?«

Ich schüttle den Kopf.

»Ach, halb so schlimm«, sagt Frau Weber, als wir bei ihr angelangt sind. »Er liebt es, sich zu verstecken, das ist wie ein Spiel für ihn.« Sie tätschelt meine Schulter. »Mach dir keine Sorgen, Pia, es kann ihm hier ja nichts passieren. Und spätestens, wenn ihm der Magen knurrt, kommt er freiwillig zurück und kratzt an der Tür.«

Mich schaudert. Was, wenn jemand anderem vor ihm der Magen knurrt? Während Laila und Freddi schon wieder nach unten zu Magda laufen, beuge ich mich noch einmal zu Frau Weber vor. »Vielleicht könnte Schneff aber doch was passieren«, flüstere ich, weil ich es unfair finde, ihr gar nichts von Ferdinand Mond zu verraten.

Frau Weber zieht die Augenbrauen hoch, als wenn sie nicht versteht, was ich meine.

»Na ja, also, der Vamp- ... äh, ich meine, Ferdinand Mond ist auf dem Dachboden«, erkläre ich, immer noch ganz leise. »Er weiß über Schneff Bescheid.«

Frau Webers Gesicht fängt an zu leuchten. »Na, dann ist ja alles gut ...«, sagt sie. »Herr Mond ist so ein hilfsbereiter junger Mann! Er hat mich schon zweimal mit seinem Taxi heimgefahren! Umsonst.«

Ich fass es nicht! Sie macht sich gar keine Sorgen um ihren armen Dackel! Bin ich etwa die Einzige im Haus, die Ferdinand Monds wahres Gesicht kennt?

»So, und jetzt vergiss mal Schneff, und hilf den anderen lieber bei eurer Sache«, sagt Frau Weber und zwinkert mir zu.

In diesem Augenblick erschrecke ich fast noch mehr als eben auf dem Dachboden. »W-w-welche Sache meinen Sie denn?«, wispere ich.

»Na, das gemeinsame Weihnachts-Hausfest! So eine schöne Idee von euch!«

»Oh nein!« Jetzt schreie ich so laut, dass Frau Weber einen richtigen Hüpfer rückwärts macht. »Das sollte doch eine Überraschung werden! Laila hat alles verraten, oder?«

Frau Webers zwinkert mir verschwörerisch zu. »Keine Sorge, bei mir ist euer Geheimnis sicher!«

KAPITEL 14

Frau Weber hat gesagt, um fünf kommt sie runter und sie will auf keinen Fall, dass ich böse auf Laila bin, sie ist doch noch so klein. Sie hat mir außerdem versprochen, später ganz überrascht zu tun.

»Vorfreude ist doch die schönste Freude«, sagt sie. »Und ist es nicht herrlich, dass ich gleich mit dem Vorfreuen anfangen kann?«

Da musste sogar ich wieder lächeln. Jetzt gibt mir Frau Weber für unser Buffet noch Marzipanpralinen mit, die mag ich zwar nicht so gerne, aber vielleicht die Erwachsenen. Und dann noch ein ganz neues Paket Sternchen-Servietten und goldene Kerzen, die aussehen wie Tannenzapfen. Die Sachen wollte sie eigentlich ihrer Cousine schenken,

aber jetzt braucht sie sie ja nicht mehr. Dann zwinkert sie mir zu und tut so, als würde sie sich mit einem Schlüssel den Mund zuschließen.

Als ich wieder zu den anderen laufe, grummelt es noch in meinem Bauch, aber ich beiße mir auf die Lippen und schimpfe nicht mit Laila. Schließlich habe ich es Frau Weber versprochen und außerdem will ich keine schlechte Stimmung verbreiten. Mit schlechter Stimmung kann man sicher kein ganz besonderes Fest vorbereiten.

»Schaut mal, was ich noch auftreiben konnte«, sage ich und zum Glück fragt niemand, woher ich die hübschen Servietten und Kerzen habe. Wir schmücken weiter und wirklich sieht der Gruppenraum bald richtig festlich aus: Über die Tische, an denen später die Gäste sitzen sollen, haben wir golden schimmernde, ganz dünne Stoffe gelegt, die die Kinder sonst zum Verkleiden benutzen. Laila hat mit einer Stanze lauter Sternchenkonfetti aus Papier ausgestanzt und darübergestreut. Die Kerzen von Frau Weber kommen in die Mitte und in der Küche vom Kindergarten gibt es sogar genügend Geschirr und Besteck. Dem Holz-Elch hängen wir noch ein Schild um den Hals, das wir mal aus Amerika mitgebracht haben, und auf dem steht: MERRY XMAS. Das heißt auf Deutsch FROHE WEIHNACHTEN und die Buchstaben blinken, wenn man auf einen Knopf drückt, weil hinten Batterien drin sind.

»War's das dann?«, fragt Magda. »Sieht ziemlich kitschig aus, wenn ihr mich fragt!«

Also, ich finde das ja nicht. Ich finde, an Weihnachten kann es gar nicht kitschig und glitzerig genug sein.

Freddi sieht aber auch noch nicht richtig zufrieden aus. »Irgendetwas fehlt, irgendein Knaller«, findet er.

Ich sehe mich um. Freddi hat recht. Der Raum ist zwar weihnachtlich geschmückt, aber Deko und Essen allein machen ja noch kein besonderes, unvergessliches Fest aus.

»Musik!«, rufen da Laila und ich und wir schauen uns an und müssen lachen. Musik ist absolut wichtig. Aber ohne Strom ist das natürlich gar nicht so leicht.

»Kann jemand ein Instrument?«, fragt Freddi und kratzt sich am Kopf. »Ich musste leider meinen Trompetenunterricht unterbrechen. Der Lehrer meinte, ich bin noch nicht kräftig genug für so ein schweres Blasinstrument und brauch ein größeres Lungenvolumen!«

»Er hat gesagt, du bist absolut unmusikalisch und ein hoffnungsloser Fall!«, verbessert ihn Magda.

»Gar nicht«, schreit Freddi, aber bevor es richtig Streit geben kann, stürmt Laila zu einer Kiste, aus der sie Rasseln, einen Schellenring, ein Glockenspiel, eine Triangel und solche Holzstäbe kramt. »Da, die kann ich alle«, sagt sie stolz. »Die sind gar nicht schwer!«

Und dann scheppert und klopft und triangelt sie drauflos und ich hoffe bloß, dass man den Lärm nicht im ganzen Haus hört.

»Also, für mich klingt das einfach nur nach ganz viel Krach«, bemerkt Magda augenrollend.

»Wir müssen eben dazu singen«, sage ich. »Ein Weihnachtslied, dann klingt es sicher gleich besser!«

Wir verteilen die Instrumente und ich muss leider sagen, Freddi ist wirklich vollkommen unmusikalisch, obwohl er sonst ja fast alles kann.

Eigentlich hätte ich am liebsten »Stille Nacht« einstudiert, aber ich merke ziemlich schnell, dass das keine gute Idee ist. Von dem Gejaule kriegt man zwar auch Gänsehaut, aber ganz sicher nicht vor Glück.

Wir einigen uns schließlich auf »O Tannenbaum«, kennt ja nun wirklich jeder und es ist leicht. Aber obwohl Freddi beim Singen bloß die Holzstäbe gegeneinanderschlagen soll, kommt er entweder aus dem Takt oder aus der Melodie oder aus dem Text oder aus allem gleichzeitig. Und Magda, die uns eben erzählt hat, sie geht in den Schulchor, brummt das ganze Lied nur auf einem einzigen Ton vor sich hin und scheppert dazu mit ihrem Schellenring.

Ich würde mir am liebsten die Ohren zuhalten, aber das geht nicht, denn ich muss ja Glockenspiel spielen.

Laila hat als Einzige eine wunderschöne Stimme, ganz hell und klar, aber sie kann sich den Text nicht merken und singt einfach ständig nur »O Tannenbaum!«.

»War doch gar nicht schlecht für den Anfang«, meint Magda nach dem ersten Durchlauf. Erst lache ich laut los, weil ich denke, sie macht ausnahmsweise mal einen Witz. Aber als sie mich komisch anschaut, verstehe ich, dass sie das wirklich findet.

»Stimmt, damit könnten wir glatt im Krippenspiel mitmachen«, sagt auch Freddi. Und da fällt mir etwas richtig Gutes ein.

»Das ist es«, rufe ich, »wir führen ein Krippenspiel auf!«

KAPITEL 15

Als ich einen Blick zur Uhr werfe, kriege ich einen Schreck. Wenn wir das mit dem Krippenspiel noch hinkriegen wollen, müssen wir uns jetzt aber wirklich beeilen.

Wenigstens finden Laila und Freddi meine Idee sofort gut. Laila will Engel sein und flattert gleich drauflos und ich sage okay, denn noch lieber als der Engel bin ich sowieso die Maria. Auch wenn das bedeutet, dass ich dann Freddis Frau bin, denn der muss ja den Josef spielen.

Magda verdreht natürlich erst mal die Augen. »Da mach ich ganz sicher nicht mit!«, knurrt sie. »Ich blamier mich doch nicht vor allen mit so einem Babykram!«

Erst will ich sagen, dass sie sich da mal keine Sorgen machen muss, auf keinen Fall kann sie sich damit

schlimmer blamieren als beim Singen. Aber das lass ich doch lieber bleiben. Am Ende ist sie dann beleidigt und macht nirgends mehr mit. Also säusele ich: »Aber du hast so eine schöne Stimme, Magda. Wie wäre es, wenn du die Weihnachtsgeschichte einfach vorliest und wir anderen machen bloß Bewegungen dazu? Dann müssen wir keine Texte lernen und es klappt schneller.«

Das mit der schönen Stimme ist natürlich fast schon so etwas wie eine echte Lüge, aber in der Not darf man vielleicht mal eine Ausnahme machen. Außerdem will ich ja die Maria selbst spielen und für Magda bleibt dann gar keine gute Rolle mehr übrig. Obwohl, doch: Der mürrische Wirt würde richtig gut zu ihr passen.

Magda zuckt mit den Schultern. »Von mir aus!«, sagt sie und schiebt noch hinterher: »Und keine Sorge, beim Singen lass ich euch auch nicht hängen, sonst klingt es ja nicht!«

Darauf sage ich jetzt mal lieber nichts, sondern ich suche in dem Bücherregal vom Kindergarten nach der Weihnachtsgeschichte. Tatsächlich finde ich sie gleich. Und daneben sogar ein Bilderbuch mit dem Titel

»O Tannenbaum!«. Ich ziehe beide Bücher hervor und erstarre. Als ich den prächtigen Weihnachtsbaum auf dem Umschlag des Bilderbuches sehe, fällt mir nämlich ein, dass das Allerwichtigste für unser Fest noch fehlt: ein Weihnachtsbaum! Wie konnten wir den nur vergessen?

»Ich muss noch mal weg«, quieke ich und flitze, bevor jemand nachfragen kann, mit meiner Taschenlampe los.

Inzwischen ist es richtig dunkel geworden, aber aus unserer Wohnung leuchtet mir ein schwacher Schein entgegen. Mama hat die Wohnungstür einen kleinen Spalt offen gelassen, wahrscheinlich, damit ich nicht klopfen muss.

Also schleiche ich auf leisen Sohlen hinein und luge um die Ecke. Mama hat sich schon fein gemacht für die Bescherung und sieht wunderschön aus in ihrem rot-grün karierten Kleid. Sie sitzt am Küchentisch und bereitet bei zwei brennenden Kerzen und einer Taschenlampe irgendwas zu essen vor. Auch im Wohnzimmer brennen überall Kerzen. Eigentlich ist es so richtig heimelig bei uns, genau, wie

es an Weihnachten sein muss. Aber im Moment geht es ja nicht nur um uns.

Schnell husche ich ins Wohnzimmer, zu Fridolin, dem einzig echten Weihnachtsbaum in diesem großen, eingeschneiten Haus.

»Komm, mein kleiner grüner Held«, flüstere ich. Aber gerade, als ich mit Fridolin in den Armen und der Taschenlampe zwischen den Zähnen zur Wohnungstür raus bin, höre ich Mamas Stimme hinter mir: »Jetzt bleibst du aber bitte hier, Pia, schließlich ist bald Bescherung!«

Vor Schreck fällt mir die Taschenlampe aus dem Mund. »Aber ich, ich ...«

Mamas Blick fällt auf Fridolin und mein Mund klappt auf und zu und ich überlege, aus welchem Grund jemand einen Weihnachtsbaum aus seiner eigenen Wohnung entführen könnte. Mir fällt keiner ein.

»Pia, Luftikus«, sagt Mama streng und schaut mich mit ihrem ganz speziellen Mama-Forscherblick an, »was heckst du da aus? Raus mit der Sprache und bitte keine fadenscheinigen Erklärungen, wenn ich bitten darf!«

Das mit dem Luftikus hat eigentlich Papa erfunden. Weil

Mama und er doch beide so viel mit Flugzeugen zu tun haben, muss ich wohl ein Luftikus sein, sagt er immer.

»Ich, also ... Ich muss noch mal kurz weg, ganz dringend«, stammele ich. »Weil wir Kinder nämlich etwas planen. Etwas Schönes. Und Wichtiges. Und dafür muss ich Fridolin ausleihen.«

Mama macht ihre Schneff-Stirn. »Pia, es ist Heilgabend! Da sollte man mit seiner Familie zusammen sein. Und du treibst dich die ganze Zeit bei anderen Leuten herum, so geht das wirklich nicht!«

Nein, so geht das wirklich nicht, da hat Mama natürlich recht. Und ich will sie ja auch gar nicht die ganze Zeit allein lassen, erst recht nicht an so einem wichtigen Tag. Das ist gemein, vor allem, wo sie sowieso viel lieber unter einer Palme am Strand liegen würde und nur wegen mir hiergeblieben ist.

Also setze ich Fridolin vorsichtig ab, hole tief Luft und sage die Wahrheit.

Na ja, die Sache mit dem verwünschten Schneewunsch lasse ich weg, die ist im Moment ja auch nicht so wichtig. Aber dass wir ein gemeinsames Fest planen, damit niemand mehr so schlecht gelaunt und traurig ist, das verrate ich. Und dass es ein besonderes und unvergessliches Fest werden soll, genau wie Mama es gesagt hat. Und dass sie bitte, bitte, bitte nichts davon weitersagen darf, weil es doch eine Überraschung werden soll.

Mama seufzt zuerst, aber dann lächelt sie und im nächsten Augenblick lacht sie leise und da weiß ich, dass sie die Idee gut findet und mir Fridolin erlaubt.

»Na, dann los, ich hab auch schon wieder alles vergessen. Aber um fünf, da komme ich runter«, sagt sie und ich könnte sie dafür knuddeln. Das tu ich auch. Und dann schnappe ich mir mein Bäumchen und die Taschenlampe und will schnell die Treppen runter. Doch in dem Moment, als Mama die Wohnungstür hinter sich zumacht, geht die gegenüberliegende auf.

Frau Wissing – die hat mir gerade noch gefehlt! Am

liebsten würde ich einfach davonstürmen. Aber das funktioniert bei Leuten wie Frau Wissing nicht, die kriegen einen immer, sogar wenn sie Stöckelschuhe anhaben.

KAPITEL 16

Frau Wissing hat ein weites Gewand mit goldenen Sternen und grünen Zweigen und roten Beeren drauf an und dazu riesige goldene Ohrringe, die aussehen wie Weihnachtskugeln, und knallrote Stöckelschuhe. Sie sieht aus wie ein Weihnachtsengel und lächelt breiter als das süßeste Honigkuchenpferd.

»Pia«, flötet sie, »komm doch mal her, Schätzchen!«

Ich schiele sie misstrauisch an. Frau Wissing hat mich noch nie Schätzchen genannt. Ob sie übergeschnappt ist wegen der ganzen Streiterei mit ihrem Mann und der stecken gebliebenen Zwei-Meter-fünfundzwanzig-Tanne? Oder ... Hilfe! Ob sie doch die ganze Wahrheit kennt und mich aus Rache für meinen verwünschten Schneewunsch

mit ihrer langen Lichterkette fesseln will? Als ich sicherheitshalber lieber mal einen Schritt rückwärts mache, zieht sie etwas hinter sich hervor. Zum Glück ist es aber keine Lichterkette, sondern nur ein silbernes Tablett. Und das ist voll mit lauter kleinen Häppchen. Nicht einfach solche mit Schinken- und Käsescheiben und sauren Gürkchen, wie Mama sie manchmal macht. Sondern mit Oliven und unterschiedlichen roten, grünen und weißen Aufstrichen und Lachs und drübergestreutem Grünzeug.

»Das kannst du gleich noch abholen, wenn du die Hände wieder frei hast«, sagt sie und klimpert dabei so doll mit den Augen, dass ich erst denke, ihr ist eine kleine Fliege hineingeflogen. Aber dann dämmert es mir.

»S-Sie wissen von unserer Feier?«, stottere ich.

Frau Wissing kommt mit ihrem Lippenstiftmund ganz nah an mein Ohr und flüstert glucksend: »Mein Freddi lügt nicht gerne, weißt du? Und da dachte ich, bei eurem Büffet soll es wenigstens ein paar feine Sachen geben. Ist doch schließlich Weihnachten und kein Karneval!«

Aha, Freddi also! Na, vielen Dank auch! Und ich dachte tatsächlich, auf ihn ist Verlass. Erst werde ich wütend und nehme mir vor, ihm die Meinung zu sagen, sobald ich wieder unten bin. Aber dann fällt mir ein, dass ich Mama ja auch verraten habe, was wir vorhaben.

Als ich mit Fridolin im Erdgeschoss ankomme, erwartet mich dort schon die nächste Überraschung. Denn auf einmal steht Opa Omar wie aus dem Nichts vor mir. Kann denn niemand einfach mal gemütlich auf seinem Sofa sitzen bleiben?

Ich sage Hallo und Opa Omar lacht und deutet auf den Weihnachtsbaum und sagt etwas, das ich nicht verstehe. Bestimmt will er aber wissen, was ich mit dem Baum vorhabe. Und weil ich Garnichts-Antworten unhöflich finde und Opa Omar ja sowieso nicht so viel versteht, sage ich einfach: »Der ist für unsere geheime Weihnachtsüberraschungsparty. Der Baum ist nämlich das Wichtigste an Weihnachten, findet Frau Weber. Und sonst hat niemand hier im Haus einen echten da. Nur wir. Der ist zwar klein, aber dafür lebendig. Er heißt Fridolin.«

Opa Omar nickt und zwinkert und lächelt und sagt: »Frohe Weihnachten!«

»Ja«, sage ich, »frohe Weihnachten!«

Ich warte, bis Opa Omar wieder nach oben geschlurft ist, und parke den Baum erst mal vor der Kindergartentür. Dann schleppe ich mich noch einmal in den zweiten Stock, um das silberne Tablett mit den Wissing-Häppchen zu holen. Langsam gehen mir diese vielen Stufen wirklich auf die Nerven! Morgen habe ich sicher Muskelkater.

Als ich mit den Sachen in den Gruppenraum zurückkomme, sind Freddi und Laila schon dabei, sich für unser Krippenspiel zu verkleiden. Magda liest sich inzwischen ihren Text durch.

Ich mogle das Wissing-Tablett schnell zu den anderen Dingen auf den langen Tisch und stelle Fridolin auf einen Hocker in die Mitte des Zimmers.

»So, jetzt fangen wir aber mal an, ich will endlich

der Engel sein und Verbote erkunden«, sagt Laila. Sie hat sich aus der Verkleidungskiste pinke, halb zerknickte Schmetterlingsflügel geholt und ein langes grün-oranges Tuch umgebunden. So sieht sie nicht gerade aus wie ein Engel, sondern eher wie ein Papagei. Aber weil sie noch klein ist, sage ich nichts. Und ihre Locken passen ja wirklich sehr gut zu einem Engel.

»Es heißt Botschaft verkünden«, erkläre ich ihr. »Du verkündest die frohe Botschaft von der Geburt des Jesuskindchens, weißt du?«

Laila nickt, aber eigentlich ist es ja auch egal, ob sie sich die Wörter merken kann, sie muss ja später sowieso nichts sagen.

Ich selbst wickle mir ein hellblaues Tuch um und hänge mir ein rotes über den Kopf. So sieht die Maria ja meistens aus. Und für den Anfang, wenn sie schwanger ist, stopfe ich mir einfach ein Kissen unter den Pulli.

Freddi ähnelt allerdings kein bisschen einem Bilderbuch-Josef. Er hat irgendwo einen viel zu großen gelben Regenmantel aufgetrieben und trägt dazu anstatt eines Stabes einen grün-gelb karierten Regenschirm. Auf dem Kopf hat er ein Käppi, auf dem steht: »Ich bin doof, aber zum Glück weiß ich das nicht«.

»Josef ist doch nicht doof!«, sage ich empört.

»Eben, darum würde der heute ja auch so ein cooles Käppi tragen, der wäre doch nicht von gestern«, behauptet Freddi.

Ich merke, dass es in meinem Bauch zu grummeln anfängt, und damit ich Freddi nicht anmaule, drehe ich mich schnell weg und hole eine Babypuppe aus der Puppenecke. Laila und ich wickeln sie in ein weißes Tuch, bevor Freddi sie in die Hände kriegen und am Ende noch in ein Superman-Kostüm stecken kann. Jetzt sieht wenigstens das Jesuskind einigermaßen echt aus. Aus der Legokiste machen wir eine Futterkrippe und stellen sie unter einen großen Schweifstern aus Goldpapier, der von der Decke baumelt. Laila stellt außerdem ihr Plüscheinhorn neben die Krippe. Sie sagt, damals waren ja auch Tiere im Stall und hundertpro auch ein Einhorn.

»Von mir aus«, sage ich, weil wir ja kein Schaf und auch keinen Ochsen oder Esel haben und Zeit schon gar nicht.

Ich schiele besorgt zur Uhr. Nur noch zehn Minuten!

KAPITEL 17

»Also, dann wollen wir mal«, sagt Magda und fängt an loszuleiern: »Eine junge Frau mit Namen Maria wohnte in einer kleinen Stadt. Die hieß ... äh ... Nazareth.«

Ich finde, Magda müsste ein bisschen lauter und auch ein bisschen freundlicher lesen. Ich würde das wirklich besser hinkriegen, aber ich kann ja schlecht vorlesen und gleichzeitig die Maria sein.

»He, ich weiß was!«, schreit Freddi dazwischen, kurz bevor Maria und Josef zum Stall kommen. »Ändern wir den Text doch ab, damit er spannender wird! Den hier kennt ja schon jeder in- und auswendig, der ist megalangweilig!«

Ich verdrehe die Augen, aber Freddi ist natürlich wieder mal Feuer und Flamme von seiner eigenen Idee und redet

einfach weiter: »Maria und Josef könnten sich auf einem rostigen Mofa auf Herbergssuche machen, und da treffen sie einen, der hat noch irgendwo einen alten Wohnwagen am Stadtrand rumstehen, das ist dann der Stall und –«

»Vergiss es!«, unterbreche ich ihn. Und zwar ziemlich laut. Aber mal ganz ehrlich: Das Christuskind kann doch nicht in einem Wohnwagen zur Welt kommen, der hat sie ja nicht mehr alle! Sogar an der Weihnachtsgeschichte muss Freddi noch herum-besserwissern. Einmal Besserwissing, immer Besserwissing, würde Annika sagen! Recht hat sie!

Laila, die in einer Ecke auf ihren Auftritt wartet, jammert: »Wann darf denn endlich der Engel was erkunden?« Und dann flattert sie einfach drauflos und singt: »O Tannenbaum, o Tannenbaum ...!«

»Ruhe jetzt!«, rufe ich. »Laila, du wartest noch da drüben, in deiner Ecke, und bist still, okay? ›O Tannenbaum‹ kommt erst zum Schluss. Magda, lies einfach weiter! Der Text bleibt genau so, wie er ist, und damit basta!«

Freddi funkelt mich böse an. »Wieso

bist du eigentlich die Bestimmerin, hä?«, fragt er und rückt sein Käppi zurecht.

Magda brummt irgendwas von Irrenhaus und sie hat ja gleich gewusst, dass das einfach nur peinlich wird und sie hier ihre kostbare Lebenszeit vergeudet.

»Ich erkunde euch hiermit die lustige Frohschaft!«, kräht Laila und hopst in ihrer Ecke auf und ab wie ein Frosch.

»Ich fordere gleiches Mitspracherecht für alle, sonst streike ich!«, brüllt Freddi und hackt mit der Regenschirmspitze auf dem Boden herum, sodass es sich anhört wie die Stöckelschuhe seiner Mutter.

Und da, auf einmal, da passiert etwas in meinem Bauch. Ich hab ja schon vorher dieses Grummeln gespürt. Aber jetzt wird daraus ein richtiges Grollen und mir wird heiß und plötzlich, ohne dass ich dagegen etwas tun kann, schreie ich los: »Ist mir doch egal, dann streik eben, du Pups-Josef! Eine Maria von heute braucht sowieso keinen Mann und schon gar keinen, der immer alles besser weiß!«

Freddi macht vor Schreck einen Schritt rückwärts und wirft das Plüscheinhorn um. Es wiehert laut los und

Laila schreit: »He, toll, es wiehert wieder, dabei war es doch kaputt!«

Magda rollt mit den Augen und stöhnt: »Oh Mann, das hier ist ja echt der reinste Kindergarten!«

Aber da fahre ich sie an: »Und du könntest ruhig mal etwas netter sein! Immer, immer, immer motzt du bloß rum, dabei hast du ja selbst auch keine guten Ideen!«

Motz-Magda starrt mich ganz verblüfft an. Wahrscheinlich kann sie nicht glauben, dass ich mich traue, sie anzuschreien. Das glaube ich ja selbst kaum. Aber dann schnappt sie nach Luft und legt auch los: »Was ist denn mit dir plötzlich los, hä? Spinnst du jetzt total?« Ihre tiefe Brummstimme überschlägt sich, so sauer ist sie.

Laila schaut mit großen Augen zwischen uns hin und her und streichelt das Einhorn, das gar nicht mehr aufhören will zu wiehern. Freddi fuchtelt mit seinem Regenschirm vor meiner Nase herum und funkelt mich wütend an. »Du bist doch überhaupt schuld an allem! Du und dein bescheuerter Schneewunsch! Ohne den könnten wir jetzt ein ganz normales Weihnachtsfest feiern, mit Tannenbaum und Hummer. Vielen Dank auch, du ... du blöde Kotz-Kuh!«

Ich schnappe nach Luft und starre Freddi an. »Das … das …!« Mehr kriege ich nicht raus, weil ich so entsetzt bin. Nie, nie, nie im Leben hätte ich gedacht, dass der kleine Besserwissing so gemein sein kann! Gerade will ich losschreien, dass wir meinetwegen alles hinschmeißen können, weil ja sowieso schon alle im Haus Bescheid wissen und es ja gar keine Überraschung mehr für irgendwen ist, da sehe ich aus den Augenwinkeln eine Bewegung. Ich dreh mich zur Tür um und mir bleibt das Schreien im Hals stecken.

Lailas Einhorn gibt ein letztes, langgezogenes Wiehern von sich, dann ist es still. Genau wie wir anderen auch.

KAPITEL 18

Da stehen Frau Weber, Mama, die Besserwissings und die Eltern von Laila in der Tür zum Gruppenraum und lugen neugierig hinein. Einen Augenblick lang sagt niemand was, aber wirklich nur einen klitzekleinen. Dann ruft Frau Weber: »Nein, Kinder, was für eine Überraschung!« Und sie klingt dabei echt überrascht und jetzt kann ich mir sogar vorstellen, dass sie als Kind vielleicht doch mal geschwindelt oder was Dummes angestellt hat.

Mama strahlt einfach nur und die Wissing-Eltern rufen wie auf Kommando: »Na, damit haben wir ja nun gar nicht gerechnet!« Das klingt zwar so, als wenn sie es zwanzigmal geübt hätten, aber ich glaube, das merkt außer mir niemand.

Die Benalis lächeln und schütteln die Köpfe und als Laila ruft: »Schau, Mama, darum durfte ich nichts verraten, aber ich hab doch gesagt, wir stellen nichts an«, da staune ich richtig. Laila ist vielleicht bei Frau Weber was rausgerutscht, aber ihren Eltern hat sie tatsächlich nichts verraten, obwohl sie doch die Kleinste von uns ist.

Irgendwie bin ich immer noch ganz durcheinander und verblüfft und kann gar nichts sagen, aber da kommt Mama zu mir und umarmt mich und flüstert: »Das habt ihr toll hinbekommen, Pia! Schau nur, wie sich alle freuen!«

Und da sehe ich mir die Gesichter der Großen an, eines nach dem anderen, und merke, dass Mama recht hat: Niemand guckt mehr mürrisch, alle lächeln, strahlen und lachen um die Wette. Frau Wissing hat sich sogar bei ihrem Mann untergehakt und Herr Benali hat seinen Arm um seine Frau gelegt und dieses Mal schüttelt sie ihn nicht ab.

Vielleicht ist es ja ganz egal, wer schon von unserer Überraschung wusste – Hauptsache, die schlechte Laune bei den Erwachsenen ist verschwunden.

Schade, dass sie dafür jetzt bei mir angekommen ist. Böse schiele ich zu Freddi, der seine Mama zuckersüß

angrinst. Dabei ist er ein gemeiner, hinterhältiger Verräter. Aber gerade, als ich ihm die Zunge rausstrecken will, erscheint noch jemand im Gruppenraum und ich kann nur starren und staunen. Eigentlich ist es nämlich nicht jemand, sondern etwas, das da antrabt: ein Gummibaum in einem Topf. Der Topf hat Beine und Füße und die Füße stecken in Turnschuhen. Aber das ist noch nicht alles: In dem Gummibaum hängen bunte Schleifen, goldene Luftschlangen und ein paar Bonbons und ganz oben ist ein großer gebastelter Stern aus Alufolie mit einer Wäscheklammer festgezwickt.

Es ist wohl der lustigste Gummibaum aller Zeiten und alle klatschen und lachen und machen »Ohhh!«. Der Gummibaum steuert jetzt geradewegs auf Frau Weber zu und landet mit einem Ächzen vor ihren Füßen. Und im nächsten Augenblick sieht man über den grünen Blättern Opa Omars Gesicht auftauchen. Er lacht Frau Weber an, holt tief Luft und sagt: »Der Baum ist das Wichtigste. Frohe Weihnachten!«

Ich glaube, so wie jetzt gerade hab ich Frau Weber überhaupt noch nie gesehen. Mit ihrem Gesicht passiert nämlich ganz viel: Es staunt, zuckt, lächelt, wird rot, und das alles irgendwie gleichzeitig. Und dann endlich flüstert Frau Weber: »Nein, so eine Überraschung!«

Zum zweiten Mal sagt sie das ja jetzt schon. Und obwohl es sich eben ja schon so echt angehört hat, klingt es jetzt noch viel echter. Sie läuft um den Gummibaum herum und umarmt Opa Omar einfach und ich glaube, er freut sich genauso über die Umarmung wie Frau Weber über den schönen Weihnachtsgummibaum.

»Auf die Idee muss man erst mal kommen«, sagt Mama gerührt und da dreht sich Opa Omar kurz zu mir um und zwinkert mir zu. Genauso, wie man es macht, wenn man mit jemandem ein Geheimnis teilt. Und plötzlich verstehe ich, dass das auch so ist: Vorhin, im Treppenhaus, da habe ich ihm ja die Sache mit dem Weihnachtsbaum verraten, und auch, dass Frau Weber ihn so wichtig findet.

Mir wird ganz warm ums Herz. Ich zwinkere zurück und wundere mich gleichzeitig. Anscheinend versteht Opa Omar viel mehr Deutsch, als wir alle geglaubt haben!

KAPITEL 19

Die Erwachsenen haben uns noch mindestens zwanzigmal gesagt, wie toll sie unsere Überraschung finden, und dann haben wir die goldenen Zapfenkerzen von Frau Weber angezündet und Herr Benali hat gefragt, ob wir das Büffet vielleicht eröffnen können, denn er hat riesigen Hunger.

Jetzt futtern alle. Frau Wissing schaufelt sich besonders viele von ihren eigenen Häppchen auf den Teller und sagt jedem, wie köstlich die sind. Magda zieht die Augenbrauen zusammen und brummelt: »Hä, komisch, genauso ein Tablett haben wir auch!« Aber das überhöre ich einfach.

Eigentlich müsste ich auch Hunger haben, ich hab ja schon so lange nichts mehr gegessen. Aber ich bin schrecklich aufgeregt wegen allem und außerdem ist mein Bauch immer noch voller Wut auf Freddi. Da passt allerhöchstens noch ein kleiner Joghurt daneben.

»Pass doch auf, du Trampeltier«, meckere ich ihn an, als er mir am Büffet auf den Fuß tritt, und am liebsten würde ich ihm den Bananenjoghurt aus der Hand reißen, den er sich gerade geschnappt hat. Den mag ich nämlich von allen Sorten am liebsten und wir haben nur einen einzigen davon.

Genau in diesem Moment fragt Lailas Mama: »Sagt mal, Kinder, warum seid ihr denn eigentlich verkleidet? Gibt es etwa noch eine Theateraufführung?«

Erst da fällt mir unser Krippenspiel wieder ein. Vielleicht hätten Freddi, Magda und ich sogar mit Nein geantwortet, weil wir ja noch nicht mal das ganze Stück durchgeprobt, sondern bloß gestritten haben. Aber da ruft Laila schon: »Ja, wir haben noch ein Grippe-Spiel eingeübt und ich darf der Engel sein. Sollen wir mal zeigen?«

Lailas Papa lacht. »Na, da sind wir aber gespannt!«

Jetzt setzen sich alle Erwachsenen hin und schauen uns erwartungsvoll an.

»Toll«, brumme ich Freddi zu und höre mich fast

schon an wie Motz-Magda. Kein Wunder, immerhin soll ich mit einem Mann verheiratet sein, der ein oberdoofes Käppie trägt, der größte Besserwissing aller Zeiten ist und obendrein noch ein Verräter!

Freddi antwortet nicht. Er verschlingt den einzigen Bananenjoghurt in drei Happen und dann schnappt er sich seinen Regenschirm und lässt ihn vor mir hin und her baumeln, nur, um mich zu ärgern.

Ich schau aber schnell weg und tu so, als wären mir Freddi und sein Schirm ganz egal, auch wenn mir das richtig schwerfällt und ich ihm mit seinem beknackten Schirm am liebsten das Käppi vom Kopf fegen würde.

Magda stellt sich mit ihrem Buch neben unsere Krippe, ich stopfe mir das Kissen unter den Pulli und Laila flattert brav in ihre Ecke. Sie hat ganz rote Backen vor Aufregung.

»Eine junge Frau mit Namen Maria wohnte in einer kleinen Stadt. Die hieß Nazareth«, beginnt Magda und plötzlich klingt ihre Stimme gar nicht mehr so brummig, sondern richtig freundlich. Zum Glück erzählt Magda nichts von rostigen Mofas und Wohnwagen, aber als sie mitkriegt, dass Freddi und ich mit grimmigen Gesichtern hintereinanderher zum Stall trotten, seufzt sie und sagt: »Weil Maria ziemlich sportlich war, schaffte sie es sogar mit ihrem dicken Bauch ganz gut nach Bethlehem und brauchte kaum Hilfe von Josef.«

Das steht ja ganz sicherlich nicht so im Buch, aber egal. Als sie an die Stelle kommt, wo der Engel den Hirten auf dem Feld erscheint, dichtet sie noch mal was dazu, nämlich: »Es war ein echt schöner Engel, der da auftauchte, der bunteste, den Gott in seiner Schar finden konnte, damit

er den Hirten auch so richtig auffiel!« Und als Laila jetzt endlich losflattern darf, strahlt sie wie ein ... Na ja, wie ein Weihnachtsengel eben.

Die größte Überraschung für uns alle kommt aber in dem Moment, als Magda den Schluss vorliest: »Noch viele Menschen kamen von nah und fern zum Stall nach Bethlehem, um das kleine Kind zu bestaunen und es willkommen zu heißen. Ein großer, heller Stern wies ihnen den Weg!«

Und genau in dem Moment gibt es ein surrendes Geräusch und das Deckenlicht im Gruppenraum geht an.

»Aaaaaah!«, rufen alle Erwachsenen und springen auf. Und dann lachen sie und klatschen wie verrückt und rufen: »Bravo, wie habt ihr das denn hingekriegt?« Natürlich meinen sie damit nicht nur das Stück, sondern auch den Strom, obwohl wir mit dem ja gar nichts zu tun haben.

»Wahnsinn, was ihr in der kurzen Zeit auf die Beine gestellt habt«, meint Lailas Mama, als sich wieder alle etwas beruhigt haben.

»Und auf die Flügel«, fügt ihr Papa lachend hinzu und zupft an Lailas Elfenflügeln.

Leider sagt Frau Wissing auch noch, dass Freddi der

beste Josef war, den sie je in einem Krippenspiel erlebt hat, sehr professionell und erfrischend. Und wie großartig er die Figur in die heutige Zeit gesetzt hat, mit so wenigen Mitteln und doch so wirkungsvoll.

Ich weiß, dass Freddi mir jetzt einen triumphierenden Blick zuwirft, darum drehe ich mich schnell weg zur Tür. Und da steht plötzlich wie aus dem Nichts – der Vampir! Auf einen Schlag wird mir mulmig. Im Arm trägt er etwas Dunkles aus Stoff. Aus der Entfernung könnte es gut ein Umhang sein!

»Störe ich?«, nuschelt er und kommt herein. Mich fröstelt und ich mache automatisch einen Schritt rückwärts.

»Herr Mond!«, ruft Frau Weber, die ja immer zu allen nett ist. »Oje, Sie Ärmster! Wir haben Sie bei dem ganzen Überraschungstrubel ganz vergessen!« Mit ausgebreiteten Armen geht sie auf ihn zu und als sie schon so nahe vor ihm steht, dass sich ein Vampir nur noch ein winziges Stückchen vorbeugen müsste, um zuzubeißen, quiekt Frau Weber auf und schlägt sich die Hände vors Gesicht.

»Neeeein!«, schreie ich erschrocken und rase wie eine

Rakete auf die beiden los, um ... Ja, was eigentlich? Den Vampir umzurennen? Ihn aus der Tür zu schubsen? Die ahnungslose Frau Weber zu Boden zu reißen?

Ehrlich gesagt weiß ich es selbst nicht so genau, aber zum Glück muss ich gar nichts davon tun, nur scharf abbremsen. Denn wie es aussieht, wollte Ferdinand Mond Frau Weber nämlich gar nicht beißen. Sie hat nur eine Überraschung bei ihm entdeckt und jetzt entdecke ich sie auch: Eingewickelt in eine dunkle Wolldecke trägt Herr Mond den schlafenden Schneff herein. Und der sieht mindestens so zufrieden aus wie unser Puppenjesuskind in seiner Legokiste.

»Ooh, wie süß!«, sage ich schnell und kichere, weil mich Frau Weber und der Vampir ziemlich seltsam anschauen.

KAPITEL 20

Jetzt muss Ferdinand Mond natürlich erzählen, wo und wie er Schneff gefunden hat.

»Eigentlich hab ich ja nach meinem Campingkocher gesucht, um mir einen heißen Kaffee zu machen«, erklärt er. »Zuerst war ich auf dem Dachboden und nachdem ich ihn dort nicht gefunden habe, im Keller. Dort hab ich den Kocher dann entdeckt und direkt daneben Schneff. Er hat es sich auf der selbst gehäkelten Decke von meiner Oma gemütlich gemacht, zusammen mit meinem ... ähem ... alten Quietscheentchen.« Das mit der Ente murmelt er ganz leise, als wenn es ihm etwas peinlich ist.

Alle machen »oooh«, halten ihre Köpfe schief und lächeln so entzückt, als wenn sie wirklich ein

neugeborenes Baby bestaunen würden. Da muss sich Schneff doch tatsächlich vom Dachboden aus in den Keller geschlichen haben.

Von der Seite schiele ich Herrn Mond an. Er hält Schneff immer noch im Arm und der Dackel ist inzwischen aufgewacht und schleckt seine Hand. Frau Weber sagt immer, das macht er nur bei Leuten, die er gernhat, und Tiere wissen genau, wem sie vertrauen können und wem nicht.

Ob Annika und ich vielleicht doch nicht ganz recht hatten? Immerhin hat Ferdinand Mond ein Quietscheentchen und eine selbst gehäkelte Oma-Decke. Ich finde, solche Sachen passen nicht zu Vampiren.

In diesem Moment ertönt aus Herrn Monds Hosentasche die Pippi-Langstrumpf-Melodie. Magda reißt die Augen auf und japst: »Ein Handy! D-d-da klingelt ein Handy!« Sie sieht ganz aufgeregt aus vor lauter Glück.

»Deines darf aber trotzdem noch ein bisschen in Frieden ruhen«, sagt Herr Wissing, »das tut ihm sicherlich ganz gut!«

Magda verzieht das Gesicht. »Ich wollte es ja gar nicht holen!«, brummt sie.

Herr Mond nuschelt ein schnelles »Entschuldigung«, legt vorsichtig den Dackel ab und geht an sein Telefon. Nach einer Weile sagt er: »Bei dem Wetter ... nein, das geht wirklich nicht ... die Straßen ... ich müsste im Schritttempo fahren, das dauert ewig ... ach so, na ja, dann ...« Dann höre ich nichts mehr, denn er geht aus dem Gruppenraum, um im Treppenhaus weiter zu telefonieren.

Ich strecke die Hand nach Schneff aus, und weil Freddi ihn im selben Moment streicheln will, berühren sich unsere Finger. Aber nur ganz kurz, denn wir ziehen sie beide so schnell weg, als wenn der andere giftig wäre.

»Tja, sieht so aus, als wären wir nicht mehr vom Rest der Welt abgeschnitten«, sagt Mama.

Alle nicken, aber komischerweise sagt keiner, dass er jetzt wieder zu sich in die eigene Wohnung gehen und Hummer oder Ente kochen oder Geschenke auspacken will. Dafür macht Opa Omar das Licht wieder aus und meint: »Gemütlich!«

Und da hat er wirklich recht. Unsere Kerzen und Taschenlampen lassen alles viel wärmer und heimeliger aussehen. So viel Strom braucht man eigentlich gar nicht an Weihnachten.

»Wie wäre es denn, wenn ich zum Abendessen eine Linsensuppe warm mache?«, fragt Frau Benali da in die Runde. »Jetzt, wo der Herd wieder funktioniert ... Mein Schwiegerpapa hat an die zehn Liter davon eingefroren, also genug für alle«, fügt sie hinzu, aber sie lacht Opa Omar dabei an und gibt ihm einen Kuss auf die Backe. Ich glaube, so richtig sauer ist sie jetzt nicht mehr auf ihn und vielleicht will sie auch gar nicht mehr ins Hotel.

»Tolle Idee«, sagen Mama und Frau Weber gleichzeitig. Herr Wissing ist auch begeistert und seine Frau lächelt etwas schief. Ich glaube, in Wirklichkeit findet sie Linsensuppe nicht vornehm genug für Weihnachten.

Ich mag Suppen ja eigentlich auch nicht so gern, aber weil wir so lange nichts Warmes gegessen habe und sonst immer alle Sachen von den Benalis lecker sind, freu ich mich ausnahmsweise richtig darauf.

Als Lailas Mama nach oben geht, um die Suppe vorzubereiten, kommt Herr Mond mit dem Handy in der Hand wieder rein.

»Ich muss dann mal«, sagt er und hebt die Hand zum Abschied. »Da ist ein Fahrgast, der unbedingt noch ein Taxi braucht.«

Herr Benali runzelt die Stirn. »Was, jetzt? Sie kommen doch gar nicht durch, bei dem Schnee!«

Aber da sagt Ferdinand Mond, dass er nach draußen geschaut hat und der Winterdienst ganze Arbeit leistet, um wenigstens die Hauptstraßen einigermaßen freizuschaufeln. Der Mann am Telefon hat ihn außerdem so angebettelt, da konnte er nicht Nein sagen. »Ist doch Weihnachten«, sagt Herr Mond. »Außerdem zahlt er den doppelten Preis«, setzt er mit einem Grinsen hinterher.

»Na, dann passen Sie aber gut auf sich auf«, sagt Frau Weber besorgt. »Ein Unfall an Heiligabend hätte uns gerade noch gefehlt!«

»Und wenn Sie wiederkommen, gibt es Linsensuppe zum Aufwärmen!«, verspricht ihm Herr Benali.

Ferdinand Mond will schon gehen, da renne ich ihm hinterher.

»Schneit es eigentlich noch?«, frage ich ihn im Flüsterton. Ich glaube, es ist das erste Mal, dass ich freiwillig etwas zu ihm sage.

Er nickt. »Aber viel weniger. Irgendwann wird es schon aufhören.«

Ja, stimmt, denke ich. Schließlich habe ich mir den Schnee ja nur zu Weihnachten gewünscht.

KAPITEL 21

Die Suppe von Opa Omar schmeckt wirklich toll. Wir essen alle gemeinsam an einer großen Tafel aus zusammengerückten Kindergartentischen und ich fülle mir sogar noch ein zweites Mal den Teller voll. Gerade als ich fertig und pappsatt bin und Frau Weber vorschlägt, dass wir doch zum Abschluss dieses schönen Abends noch ein gemeinsames Spiel machen könnten, öffnet sich die Tür zum Gruppenraum.

Schon wieder kommt ein Baum herein, dieses Mal aber kein Gummibaum, sondern eine Tanne, die so groß ist, dass sie nur mit der Spitze voran durch die Tür passt. Von ihren Zweigen rieselt Schnee.

Alle starren stumm auf das seltsame Bild, und als sich

der Baum kerzengerade aufrichtet und zwei Gestalten hinter ihr auftauchen, bin ich es, die als Erste losschreit.

»Papa!!!« Ich kann es gar nicht glauben, dass er wirklich da ist, und stürze auf meinen Vater zu, der zusammen mit dem Vampir, der vielleicht doch keiner ist, mit einer Hand die Tanne festhält. Mit der anderen zieht er mich an sich und umarmt mich ganz, ganz fest.

»Pia Luftikus«, murmelt er in meine Haare und ich grabe meine Nase in seinen Mantel, der nach Papa und Schnee und frischer Luft duftet.

Inzwischen ist auch Mama bei uns angekommen und gibt Papa einen Kuss auf die Backe. »Ja, was machst du denn hier, wieso bist du nicht in Dubai?«, fragt sie und ist genauso überrascht wie ich.

Papa lacht. »Der Flug wurde wegen dem Schneesturm unterbrochen und wir mussten zwischenlanden«, sagt er. »Ausgerechnet hier, könnt ihr euch einen besseren Zufall vorstellen? Leider musste ich eine ganze Weile am Flughafen warten, bis ich wegkonnte. Dann habe ich endlich diesen netten Taxifahrer gefunden, der sich erbarmt hat, mich zu euch zu fahren!« Er deutet auf Ferdinand Mond.

»Tja«, nuschelt der etwas verlegen. »Wenn ich gewusst hätte, wer der Fahrgast ist und wohin er will, hätte ich natürlich gleich Ja gesagt.«

Ich bin überglücklich und hopse mit Papa an der Hand auf und ab wie Laila vorhin als Engel. Vor lauter Freude umarme ich sogar ganz kurz Ferdinand Mond, denn egal, ob er nun ein Vampir ist oder nicht: Für mich ist er im Moment ein Held und mindestens so toll wie Superman, Pippi Langstrumpf und der Weihnachtsmann zusammen.

Weil er mir das schönste Weihnachtsgeschenk überhaupt nach Hause gebracht hat.

Herr Mond ist ein bisschen verlegen. Er nuschelt »schon gut, schon gut« und stellt die riesige Tanne an der Wand ab. Jetzt kommt heraus, dass Herr Mond nicht nur Frau Webers Dackel und meinen Papa, sondern auch noch die Tanne von Wissings aufgegabelt hat. Sie lehnte draußen am Haus, mit einem Zettel, auf dem stand, dass die Lieferung nicht abgegeben werden konnte, weil keiner die Tür aufgemacht hat.

»Was?« Herr Wissing schlägt die Hände über dem Kopf zusammen. »Das ist unser Baum? Und der stand die ganze Zeit draußen vorm Haus?«

»Na klar ... Die Klingel hat ja nicht funktioniert«, stöhnt Freddi.

»Daran hätten wir auch selbst denken können!«, sagt Herr Wissing. »Der ganze Ärger umsonst!«

»Und der hässliche Eisenbaum«, brummt Magda.

Frau Wissing hat noch gar nichts gesagt, aber ihr Mund zuckt immer so hin und her. Ich halte die Luft an und denke schon, sie schreit gleich wieder los, dass alles Herrn Wissings Schuld ist. Aber dann ... dann lacht sie mit einem Mal und kann gar nicht mehr aufhören. Sie lacht und lacht und lacht und krallt sich dabei am Arm ihres Mannes fest.

»N-n-nein so was!«, kreischt sie irgendwann und wischt sich ein paar Lachtränen weg. »So was Urkomisches!«

Und obwohl ich es jetzt gar nicht sooo lustig finde, wenn Tannen mit Zetteln an Hauswänden lehnen, kichere ich auch ein bisschen mit und alle anderen genauso, weil es einfach so witzig und selten ist, dass Frau Wissing sich so beeumelt.

Erst als sich Freddis und meine Blicke treffen, höre ich wieder auf und strecke ihm endlich die Zunge raus.

»Ach übrigens«, murmelt Papa und beugt sich noch mal aus der Tür, um irgendetwas vom Boden aufzuheben. »Vermisst die hier vielleicht jemand?« Er hält Mama und mir unsere Ente vor die Nasen. »Die ist mir vor die Füße geplumpst, als ich aus dem Taxi gestiegen bin.«

Und jetzt sind Mama und ich es, die loslachen müssen, genauso doll wie Frau Wissing eben.

»D-d-die ist wohl vom Balkonkasten gerutscht«, japse ich und mach mir fast in die Hosen vor Kichern.

»Oder geflogen«, prustet Mama.

KAPITEL 22

Als wir uns alle wieder ein bisschen von dem vielen Lachen erholt haben und sich Ferdinand Mond und Papa den Rest von der Linsensuppe teilen, beugt sich Magda plötzlich zu mir und brummelt: »Was ist jetzt eigentlich mit ›O Tannenbaum‹?«

Ich verdrehe die Augen, denn ich habe überhaupt keine Lust mehr auf das Gejaule, vor allem nicht, wenn Freddi mitmacht.

»Bloß nicht«, murren er und ich gleichzeitig.

Da sagt Mama aber plötzlich: »Was habt ihr beiden denn eigentlich die ganze Zeit? Gibt's Probleme?«

Ich verdrehe die Augen. Klar, dass Mama was von unserem Streit mitbekommen hat. Mama merkt ja immer alles.

»Nein«, brumme ich.

»Ja«, brummt Freddi aber leider genau im selben Augenblick.

Und dann mischt sich auch noch Laila ein. Obwohl sie ja eigentlich gar keine Ahnung hat, kräht sie: »Streitet ihr wegen dem verwünschten Schneewunsch? Weil Freddi findet, dass Pia überhaupt ganz allein schuld ist an allem und außerdem eine Kotz-Kuh?«

Mamas Stirn bekommt Schneff-Falten. »Woran sollst du schuld sein, Pia?«

Mir wird erst heiß und dann eiskalt. Am liebsten würde ich aus dem Zimmer rennen. Auf einmal ist es nämlich ganz still geworden. Niemand lacht und redet mehr. Alle starren mich an.

»Ich ... äh«, stottere ich und weiß nicht, was ich sagen soll. In meinem Kopf ist ein schreckliches, wirbeliges Durcheinander, genau wie das Schneegestöber da draußen.

Aber da stellt sich Freddi plötzlich neben mich, legt mir eine Hand auf die Schulter und sagt: »Ach was, das vorhin war doch nur ein Witz, haha! Da hat Laila was ganz falsch verstanden. Woran soll Pia denn schuld sein? Und Streit ... äh ... haben wir auch nicht, oder, Pia? Haben wir etwa Streit?«

Er schaut mich an und als ich sein zerknirschtes Gesicht sehe, verstehe ich, dass es ihm leidtut, was er gesagt hat, wirklich, ehrlich und von ganzem Herzen, und dass er mich gerade retten will.

Ich will schon ganz erleichtert den Kopf schütteln und »nein, natürlich nicht« sagen, da mache ich komischerweise was ganz anderes. Als ich den Mund aufmache, heule ich nämlich los. Ich kann gar nichts dafür, es passiert einfach und ich kann es auch nicht mehr stoppen. Die Tränen schießen aus mir heraus und als Mama mich in den Arm nimmt und ich Papas warme, streichelnde Hand auf meinem Kopf fühle, da muss ich sogar noch mehr weinen.

Die anderen murmeln leise untereinander und wundern sich und fragen besorgt, was denn mit mir los ist. Und erst als Freddi anfängt, irgendwelche wilden Ausreden zu erfinden, dass wir eigentlich noch ein bombastisches Konzert geplant haben, ich aber leider an einem äußerst seltenen, exotischen Lampenfieber leide, das durch eine Stechmücke aus Südostasien zu uns nach Europa eingeschleppt wurde, höre ich auf.

Schniefend wische ich mir die Tränen ab und mache mich von Mama los. Dann hole ich tief Luft und sage die Wahrheit. Und zwar die ganze. Weil es nämlich nur dann ein wirklich besonderes, unvergessliches Weihnachtsfest sein kann, wenn darin keine Lügen vorkommen. Die passen einfach nicht zu dem vielen Schönen hier und schon gar nicht zu Weihnachten, das verstehe ich auf einmal.

Die anderen hören mir aufmerksam zu und Laila muss ihrem Opa alles ins Ohr übersetzen, falls er doch nicht so ganz alles versteht.

Manchmal unterbricht mich Freddi und sagt auch ein bisschen was dazu. Aber dieses Mal nicht deswegen, weil er alles besser weiß, sondern einfach, um mir zu helfen. Weil ich so aufgeregt bin und manchmal etwas zu viel auf einmal erzähle und die Wörter zu schnell aus mir heraussprudeln.

Als ich endlich fertig bin, ist es wieder still. Nur mein Herz, das wummert noch ganz laut, aber das kann ja nur ich hören.

Ich trau mich kaum, die anderen anzuschauen. Bestimmt sind jetzt alle schrecklich enttäuscht von mir.

KAPITEL 23

Komischerweise ist es Opa Omar, der als Erster etwas sagt. Er steht auf und kommt zu mir und redet auf mich ein. Aber in seiner Sprache, darum kann ich nichts verstehen und ich bin mir auch nicht sicher, ob es etwas Liebes oder etwas nicht so Schönes ist.

Zum Glück hilft mir aber Lailas Mutter. Sie kommt auch zu mir, und als Opa Omar anfängt zu lächeln und sie auch, da weiß ich schon, dass es nicht so schlimm sein kann.

»Mein Schwiegerpapa meint, dass du dir keine Sorgen machen sollst«, sagt Lailas Mama. »Er selbst hat sich nämlich für heute das Gleiche gewünscht wie du, Pia!«

Ich blicke verwirrt zwischen ihr und Opa Omar hin und her. »Was? Schnee?«, frage ich verdutzt.

Opa Omar nickt ganz eifrig, wedelt mit den Armen und wiederholt: »Schnee, ja, ja, Schnee!« Und seltsamerweise blinzelt er jetzt zu Frau Weber hinüber und setzt sich neben sie.

»Sogar viel Schnee, damit die Flüge gestrichen werden«, erklärt Lailas Mama schmunzelnd. »Er wollte nämlich noch bei seiner Enkelin bleiben, und außerdem ...«, jetzt deutet sie zu Frau Weber, »hat er hier eine neue Freundin gefunden, die er gerne noch näher kennenlernen möchte.«

Frau Weber guckt wieder ganz verlegen und als Opa Omar ihre Hand nimmt, werden ihre Wangen ganz rot, fast wie die Nase von Wissings Holz-Rentier.

Die anderen schauen verzückt zwischen Opa Omar und Frau Weber hin und her, aber irgendwie verstehe ich immer noch nicht ganz, was das alles eigentlich bedeutet.

Zum Glück hilft mir Freddi auf die Sprünge: »He!« Er rammt mir den Ellbogen in die Seite.

»Autsch, spinnst du?«, zische ich.

»Ja, ja, vielleicht«, antwortet Freddi aufgeregt, »aber das ist jetzt egal. Viel wichtiger ist, dass der Schneewunsch doppelt war. Verstehst du, was das heißt? Doppelt gewünscht heißt auch doppelt so viel Schnee! Du kannst also gar nichts dafür, dass der Wunsch so mächtig war. Den hätten wir nie im Leben allein stoppen können.«

Ich nicke und nicke und nicke nur die ganze Zeit, während er redet, weil das alles so verrückt ist. Aber ich merke, dass ich mich auf einmal viel besser fühle.

»Nicht nur doppelt«, mischt sich da eine leise Stimme ein. Sie gehört Frau Weber. »Ich hab mir für heute auch Schnee gewünscht. Natürlich nicht so doll, dass ich nicht zu meiner Cousine fahren kann. Aber ich wollte so gerne mal wieder weiße Weihnachten, genau wie früher, als ich ein Kind war!«

Ich lache auf. »Wirklich?«

Frau Weber nickt. »Wirklich, Pia!«

Ich könnte schon wieder heulen, dieses Mal aber, weil ich so erleichtert bin.

»Kann sein, dass ich auch nicht ganz unschuldig an der Sache bin«, nuschelt da auch noch der Vampir und sieht plötzlich aus wie ein kleiner Junge, der etwas angestellt

hat. »Ich wollte nämlich, dass heute irgendwas dazwischenkommt. Damit ich es nicht pünktlich zu meinen Eltern schaffe. Da fällt an Heiligabend immer die ganze Verwandtschaft ein und alle fragen, wann ich endlich mit dem Studium fertig bin!« Er rümpft die Nase. »Außerdem spielen sie den ganzen Abend Fang-das-Hütchen, und das hasse ich!«

Alle lachen los und ich auch und jetzt glaube ich kein bisschen mehr, dass Herr Mond ein Vampir ist. Und wenn doch, dann einer, mit dem man richtig gut befreundet sein kann.

»Und weißt du, was, Pia?«, sagt Mama und drückt mich noch mal kurz ganz fest an sich, »ich wusste ja, dass du dich bei unserem Weihnachten zu Hause vor allem auf den Schnee gefreut hast. Darum hab ich mir ebenfalls jede Menge davon gewünscht – und zwar nicht nur einmal!«

Wieder lachen alle, nur Magda brummt: »Also ich hab damit nichts zu tun, echt nicht«, aber das ist mir egal. Ich kenne sie ja jetzt und weiß, dass ihr Gemotze nie richtig böse gemeint ist.

»Wartet mal kurz!«, rufe ich und renne ins Treppenhaus.

Ich muss unbedingt etwas nachsehen, jetzt und auf der Stelle. Mit angehaltenem Atem ziehe ich die Haustür auf und ... ja, tatsächlich! Der Schneesturm ist vorüber, nur noch ein paar Flöckchen fallen sacht und leise und harmlos vom Himmel. Im Schein der Straßenlaternen strahlt mir von jedem Dach und jedem Ast und jedem Strauch glitzerndes, frisches Weiß entgegen. Alles sieht so friedlich und verzaubert aus und ich halte den Atem an und staune einen Augenblick lang nur für mich. Aber dann muss ich natürlich ganz schnell wieder rein, zu den anderen.

»Er hat aufgehört, der Schneesturm hat aufgehört!«, schreie ich, noch während ich in den Gruppenraum stürze.

Ich kann euch gar nicht sagen, wie leicht ich mich plötzlich fühle, so leicht, als wenn ich selbst eine Schneeflocke wäre. Und als Papa mich hochnimmt und ganz schnell im Kreis wirbelt, noch viel mehr.

KAPITEL 24

Laila ist auf dem Schoß von ihrem Papa tief und fest eingeschlafen. Darum kriegt sie leider gar nicht mehr mit, wie wir jetzt alle gemeinsam den riesigen Baum der Wissings schmücken.

Aber dafür wird sie morgen früh sicherlich umso mehr staunen.

Wir haben die kerzengerade Zwei-Meter-fünfundzwanzig-Tanne in den Eingangsbereich im Treppenhaus geschleppt, denn da ist viel Platz und jeder kann sie sehen, wenn er hinein- oder hinausgeht oder die Treppen runterkommt.

»Wir haben ja jetzt schon unseren anderen Baum in der Wohnung«, hat Frau Wissing gemeint, »da wollen wir nicht wieder alles durcheinanderbringen.« Und sie steuert sogar ihre lange Lichterkette bei, die Herr Wissing inzwischen entwirrt hat. Jetzt, wo der Strom wieder funktioniert, gehen sogar alle Birnen.

Weil fast alle noch ein bisschen Weihnachtsschmuck zu Hause übrig haben, hängt jetzt jeder etwas in die Tanne und so wird es der bunteste Baum der Welt: mit roten, goldenen und silbernen Kugeln und kleinen Schneemännern und Engeln und Glöckchen und vielen, vielen Strohsternen. Und so kleine Schokokringel mit bunten Streuseln, die wir Kinder uns abpflücken dürfen, hängen wir auch noch mit dazu.

Laila kann morgen ja auch noch ein paar selbst gebastelte Sachen dazuhängen, sagt ihre Mutter.

Als wir fertig sind, nickt Opa Omar zufrieden. »Der Baum ist das Wichtigste«, sagt er und es klingt fast gar nicht mehr holperig. Er lernt wirklich schnell.

»Sehr richtig, mein Lieber«, sagt Frau Weber und drückt seine Hand. »Aber den schönsten habe doch ich«, und sie meint damit natürlich den Gummibaum.

Obwohl ich den auch toll finde und die große Tanne

sowieso, freue ich mich doch am allermeisten über unseren kleinen Fridolin, den Papa schon wieder zurück in unser Wohnzimmer gebracht hat.

»Wollen wir mal nachsehen, ob inzwischen ein paar Geschenke unter unserem Bäumchen liegen?«, fragt Mama mit geheimnisvoller Stimme. »Immerhin ist es schon ziemlich spät, da sollte sich doch etwas getan haben, meinst du nicht?«

An die Weihnachtsgeschenke habe ich in der ganzen Aufregung gar nicht mehr gedacht, aber jetzt will ich natürlich auf der Stelle Bescherung machen und Freddi und Magda auch. Obwohl Freddi ein bisschen Angst hat, dass unter so einem seltsamen Eisen-Dingsbums vielleicht gar keine Geschenke liegen. Ich werde ihn morgen früh gleich fragen.

Als wir schon dabei sind, uns alle voneinander zu verabschieden, räuspert sich Herr Wissing und sagt: »Also, eigentlich finde ich ja, an Heiligabend muss zumindest einmal ›Stille Nacht‹ gesungen werden. Was meinst du, Pia, ob dein seltenes, exotisches Stechmücken-Lampenfieber verflogen ist?«

»Glaub schon«, antworte ich und werfe Freddi grinsend einen Blick zu.

Dann machen wir das Licht im Treppenhaus aus und nur die Lichterkette am Weihnachtsbaum leuchtet und lässt ihn wunderschön und festlich strahlen.

Frau Benali hakt ihren Mann unter und sogar Laila ist wieder wach geworden. Alle, die den Text können, singen »Stille Nacht, heilige Nacht« und die anderen summen einfach die Melodie mit.

Und Herr und Frau Wissing halten doch tatsächlich Händchen und singen so laut und schön und richtig, dass ich es kaum fassen kann. Wo ihre Kinder doch so unmusikalisch sind. Aber selbst Magdas Gebrumme ist gerade egal, denn alles andere ist so feierlich und unsere gemeinsamen Stimmen hallen im Treppenhaus fast wie in einer Kirche.

Ich nehme Mama an die linke und Papa an die rechte Hand und dann spüre ich, wie alles in mir zu kribbeln beginnt und ich eine Glücksgänsehaut kriege. Und das nicht nur wegen dem schönen Lied, sondern auch, weil wir jetzt endlich, endlich ein richtig besonderes

Weihnachtsfest haben, an das ich mich immer erinnern werde, und von dem ich morgen unbedingt Annika erzählen muss. Und wenn ich groß bin, natürlich meinen Kindern.

HALT DICH FERN VON DER NACHT

Claudia Scharf
DAS GEHEIMNIS VON NOX 1: LICHT, SCHATTEN – FLEDERRATTEN!
Hardcover
304 Seiten
ISBN 978-3-551-65288-1
Auch als E-Book erhältlich

HALT DICH FERN VON DER NACHT, FÜR TAGLINGE IST DER TAG GEMACHT! Kein Tagling betritt Nox, so war das zu allen Zeiten. Doch dann kam Fill. Fill lebt ein normales Tagling-Leben: Schule, Sonnenball, Quaschel-Ernte. Aber dann explodiert ein Pfannkuchen, sein Kater büxt aus – und Fill steht mitten in Nox, dem verbotenen Land der Nacht. Funkelndes Feuer, sprechende Glühwürmchen, blutrünstige Flederratten … und mit Nachtling-Mädchen Issa erlebt Fill Abenteuer, von denen die Tagwelt nur träumen kann. Doch als sein Vater Hilfe braucht, muss Fill tiefer in die Nacht als je zuvor. Ist er den echten Gefahren von Nox gewachsen?

WWW.CARLSEN.DE

CARLSEN